Amour et Psyché

L'Antiquité et les grands textes fondateurs

dans la même collection

APULÉE, *Amour et Psyché*

LA BIBLE, *Histoire d'Abraham et autres récits de la Création, Histoire de Moïse*

Contes de l'Égypte ancienne

*Les Grandes Heures de Rome (*Anthologie)

HOMÈRE, *L'Iliade*

*L'Odyssée (*1 volume)

*L'Odyssée (*3 volumes)

1. Ulysse reviendra-t-il à Ithaque ? (extraits des chants I à VII)
2. Les Aventures extraordinaires d'Ulysse (extraits des chants VIII à XII)
3. La Vengeance d'Ulysse (extraits des chants XIII à XXIV)

Mythes et dieux de l'Olympe

OVIDE, *Les Métamorphoses*

TITE-LIVE, *La Fondation de Rome*

VIRGILE, *L'Énéide*

Vivre au temps des Romains

APULÉE

Amour et Psyché

Présentation, traduction, notes,
dossier-lecture et dossier-jeu par Claudine Sharp

ÉTONNANTS CLASSIQUES

GF Flammarion

Ce livre fait l'objet d'une étude
dans le *Guide de l'enseignant,*
Étonnants Classiques, 1998.
Ce guide peut être obtenu gratuitement, dans la limite des stocks disponibles, auprès des éditions Flammarion.
Service Enseignants
26, rue Racine, 75278 Paris cedex 06
Timbre-poste de 12 francs à joindre à la demande.

Illustrations de Joëlle Jolivet

ISBN : 2-08-072073-2
ISSN : 1269-8822

Sommaire

7 **PRÉSENTATION**

7 Un jeune homme de bonne famille

8 Un parcours original

8 Une intelligence brillante

9 *L'Âne d'or* ou *Les Métamorphoses* (161)

11 Le conte : leçon et mythe

12 Des dieux et des hommes

13 **CHRONOLOGIE**

Amour et Psyché

75 **DOSSIER-LECTURE**

83 **DOSSIER-JEU**

UN JEUNE HOMME DE BONNE FAMILLE

Lucius Apuleius, Apulée, naît en 125 après Jésus-Christ,

à Madaure, dans la province romaine d'Afrique [1], sous le règne d'Hadrien. Issu d'une famille bourgeoise et fortunée, il suit le parcours traditionnel des jeunes gens de sa condition : il reçoit une éducation soignée et poursuit ce qu'on appelle des études supérieures. « La première coupe nous est versée par l'instituteur (*litterator*), qui commence à polir la rudesse de notre esprit. Puis vient le grammairien (*grammaticus*) qui nous pare de connaissances variées, enfin, c'est le tour du rhéteur (*rhetor*) qui nous met dans la main l'arme de l'éloquence », dira-t-il lui-même plus tard [2]. Et c'est précisément la rhétorique, c'est-à-dire l'art de bien parler, qu'il apprend à Carthage. Cependant, malgré des dispositions naturelles, il n'est tenté ni par une carrière politique, ni par le métier d'avocat.

---

1. Madaure se trouve en Algérie, à côté de l'actuelle ville de Constantine.
2. Apulée, Florides, 20.

UN PARCOURS ORIGINAL

Son goût pour les voyages, son désir de se cultiver,

de tout connaître, le poussent à séjourner d'abord à Rome, où il étudie le droit et la littérature ; puis il se rend à Athènes, où il se familiarise avec la langue et la philosophie grecques (Platon, essentiellement, retient son attention) et où il s'initie aux mystères religieux et à la magie. D'ailleurs, en 158, il se défend contre une accusation de sorcellerie : il aurait envoûté, lors d'un de ses voyages, une riche veuve, pour parvenir à l'épouser ! Il plaide lui-même sa cause et se montre si convaincant qu'il est acquitté... et épouse quand même la dame ! Puis Apulée revient en Afrique et s'établit définitivement à Carthage où il devient un conférencier très célèbre et le restera jusqu'à sa mort, en 170.

UNE INTELLIGENCE BRILLANTE

Apulée affirmait lui-même

qu'on pouvait être à la fois bel homme et grand philosophe ! Il suscitait en tout cas l'admiration du public cultivé de Carthage. L'universalité de ses connaissances, sa curiosité naturelle faisaient qu'il était capable de disserter sur n'importe quel sujet et de parler aussi bien en latin qu'en grec. La musique, l'astronomie, la médecine, les voyages, les sciences naturelles et bien sûr la philosophie le passionnèrent toute sa vie. On le combla d'honneurs et sa célébrité lui valut même, de son vivant, une statue à Carthage.

L'ÂNE D'OR OU LES MÉTAMORPHOSES (161)

Cependant, Apulée ne s'est pas contenté d'être un brillant conférencier

et c'est à *L'Âne d'or* ou *Les Métamorphoses*, récit en onze parties, parsemé d'épisodes comiques et parfois un peu osés, qu'il doit sa plus grande renommée.

Il y raconte les aventures d'un jeune homme, Lucius, transformé en âne par une magicienne et qui finira, après bien des péripéties, par revenir à sa forme humaine. Entre-temps, il est capturé par des voleurs et bientôt rejoint par une noble et belle jeune fille, prisonnière, elle aussi. Tous deux, retenus dans une caverne, vont alors écouter une vieille servante, chargée de les garder, qui leur raconte, pour les distraire, la fable d'« Amour et Psyché ».

Cette histoire est restée célèbre et commence comme un conte de fées : « Il était une fois, dans certain pays, un roi et une reine qui avaient trois filles, toutes trois fort belles... » Elle retrace les aventures de Psyché, la cadette, si belle qu'elle excite la jalousie de ses sœurs et de Vénus elle-même. Craignant d'être détrônée, cette dernière supplie son fils, Éros, de punir la jeune fille de sa beauté. Mais il tombe amoureux de Psyché et décide de la séduire. Pour obéir à un oracle [1], la jeune fille est abandonnée au sommet d'une montagne, persuadée qu'elle va devenir l'épouse d'un monstre, dont elle ne doit, en aucun cas, voir le visage. Poussée par ses sœurs et par sa propre curiosité, elle finit par désobéir et reconnaît Éros. Abandonnée par lui, elle devra subir une suite d'épreuves dictées par Vénus, et auxquelles Éros lui-même, toujours épris d'elle, mettra fin, en la rendant immortelle.

1. L'oracle est la réponse faite par un dieu à une question posée par un fidèle. Le mot désigne aussi le sanctuaire oraculaire lui-même. L'oracle d'Apollon, à Delphes, était un des plus célèbres de l'Antiquité.

LE CONTE : LEÇON ET MYTHE

Les fables ont souvent été utilisées pour donner des leçons aux hommes,

ou leur rendre plus compréhensibles des idées difficiles à saisir. C'est ce que fait Apulée dans ce conte. Peut-être a-t-il voulu, dans un premier temps et très concrètement, montrer les dangers de la désobéissance et d'une curiosité excessive : Psyché n'avait, en effet, pas le droit de voir le visage de son époux. Elle désobéit et la punition ne tarde pas : Éros la chasse. C'est une leçon de morale qu'Apulée nous donne ici : « La curiosité est un vilain défaut. » Peut-être, a-t-il voulu aussi nous mettre en garde contre nos mauvais instincts ? La jalousie et la méchanceté des sœurs de Psyché les conduiront toutes deux à une mort atroce...

Mais allons plus loin. Les deux héros de notre histoire ont des noms peu ordinaires. En grec, *Psyché* signifie « souffle vital », « âme », « papillon » (l'âme est d'ailleurs souvent représentée comme un papillon s'échappant du corps après la mort) et *Éros* « amour ». On peut alors penser qu'Apulée a voulu ainsi exprimer l'aventure de l'âme, reflet de la beauté pure, enchaînée à la terre par ses passions mauvaises. Cette âme doit subir, comme la jeune héroïne, bien des épreuves, avant d'accéder, grâce à l'amour, au monde divin et devenir immortelle à son tour. Le personnage principal de ce conte est bien l'amour dont Apulée veut nous faire mesurer la toute-puissance.

DES DIEUX ET DES HOMMES

Le monde des dieux, tel que nous le présente Apulée,

n'est pas très différent du monde des hommes. Les dieux semblent, en effet, avoir les mêmes qualités et les mêmes défauts que les humains. Ils se disputent, ils tombent amoureux ; bref, ils éprouvent des sentiments, tout comme les hommes... Ainsi Jupiter, se souvenant d'avoir souffert des passions amoureuses, manifeste, à l'égard d'Eros, une indulgence bienveillante. C'est grâce à lui, en effet, que sera célébré le mariage d'Amour et de Psyché. Vénus, lorsqu'elle apprend qu'elle a une rivale, éprouve une jalousie bien humaine, et sa colère fait d'elle une véritable mégère et par la suite une belle-mère impitoyable !

Quant à Éros, il apparaît tout d'abord comme un écervelé, un fauteur de troubles, un galopin gâté par sa mère et par tous les dieux de l'Olympe, puis comme un jeune homme pris, lui aussi, au piège de l'amour. Il ne peut oublier Psyché et ne pense plus qu'à elle depuis qu'elle a trahi sa confiance.

CHRONOLOGIE

REPÈRES HISTORIQUES ET CULTURELS

VIE ET ŒUVRE DE L'AUTEUR

125

170

REPÈRES HISTORIQUES ET CULTURELS

117	Début du règne d'Hadrien. *Annales* de Tacite. Reconstruction du Panthéon édifié par Agrippa en 27 av. J.-C.
121-126	Voyages d'Hadrien dans l'Empire.
121	Les *Vies des douze Césars* de Suétone.
125	Construction de la villa d'Hadrien à Tivoli.
128-134	Voyages d'Hadrien.
135	Écrasement de la révolte juive.
138-161	Règne d'Antonin.
161-180	Règne de Marc Aurèle.
166-180	Guerre contre les Germains. Fin de la « Paix romaine ».

VIE ET ŒUVRE DE L'AUTEUR

125 Naissance d'Apulée à Madaure.

158 Apulée plaide sa propre cause dans un procès où il est accusé de sorcellerie.

161 Apulée commence la rédaction de *L'Âne d'or* ou *Les Métamorphoses.*

170 Mort d'Apulée à Carthage.

Amour et Psyché

Il était une fois, dans un certain pays, un roi et une reine qui avaient trois filles, toutes trois fort belles. Mais, si charmantes qu'étaient les deux aînées, on pouvait encore trouver, dans le langage humain, des mots pour les louer ; tandis que la cadette était d'une perfection si rare, si merveilleuse, que les mots manquaient pour en parler dignement. Les habitants du pays, les étrangers, tous enfin, accouraient en foule, attirés par un tel prodige ; et quand ils avaient vu cette beauté jamais égalée, ils restaient muets d'admiration. Ils portaient à leurs lèvres leur main droite, l'index posé sur leur pouce dressé [1] ; et, se prosternant, ils l'adoraient avec un respect religieux, comme si elle avait été Vénus elle-même.

Dans les villes et les contrées environnantes, le bruit courait que la déesse, née dans le sein azuré de la mer et sortie de la rosée des flots écumeux, avait décidé de se mêler aux mortels et leur rendait sa majesté accessible. Une autre rumeur prétendait que des gouttelettes tombées du ciel avaient fait naître sur la terre, et non sur les mers, une nouvelle Vénus, encore vierge.

Ce bruit, qui enflait de jour en jour, gagna les îles voisines, puis tout le pays. Il arrivait de toutes parts des curieux, qui avaient accompli de longs

1. Ce geste désigne une attitude révérencieuse.

voyages et traversé de vastes étendues de mer pour admirer la merveille du siècle. On n'allait plus à Cnide [1], on n'allait plus à Paphos [2], on ne naviguait plus même vers Cythère [3] pour y contempler la déesse. Les sacrifices à Vénus se trouvaient suspendus, ses temples commençaient à dépérir, ses coussins étaient foulés aux pieds, ses cérémonies négligées. On ne couronnait plus ses statues, ses autels solitaires étaient recouverts de cendre froide. C'est à la jeune fille que s'adressaient désormais les prières ; c'est sous les traits d'une mortelle qu'on adorait la puissante déesse ; et quand, le matin, la jeune fille s'avançait, on lui offrait des victimes, des festins en invoquant le nom de Vénus. Pourtant, ce n'est pas Vénus que l'on voyait. Lorsque Psyché (ainsi s'appelait la jeune vierge) passait dans les rues, le peuple en foule lui offrait des guirlandes, lui jetait des fleurs, lui adressait des vœux.

En voyant que les honneurs divins allaient d'une manière aussi exagérée à une simple mortelle et qu'une jeune fille était adorée comme une déesse, la véritable Vénus s'enflamma d'une violente colère. Ne pouvant contenir son indignation, secouant la tête et frémissant, elle se dit en elle-même : « Eh quoi ! Moi, Vénus, l'âme première de la nature, l'origine et le germe de tous les éléments ; moi, la mère de l'univers entier ; je partagerai avec une mortelle les honneurs dus à mon rang suprême ! Faut-il que je sois ainsi traitée ! Faut-il que mon nom, inscrit au

1. *Cnide* : Sanctuaire de Vénus sur la côte d'Asie Mineure.
2. *Paphos* : Sanctuaire de Vénus à Chypre.
3. *Cythère* : île grecque au sud du Péloponnèse

ciel, soit profané et souillé sur la terre ! Ainsi donc, les hommages qu'on rend à ma divinité, une autre les partagerait ! Je verrais les hommes hésiter sur celle qu'ils doivent adorer ! Une créature destinée à la mort me représenterait parmi les humains ? Le berger [1] qui m'a préférée à deux autres déesses pour ma beauté sans égale — Jupiter lui-même a approuvé sa sentence juste et équitable — m'aurait donc choisie en vain ! Mais non ! Cela ne saurait être un triomphe durable ! Qu'elle tremble, quelle qu'elle soit, celle qui usurpe mes honneurs ! Elle se repentira de son insolente beauté, j'y veillerai ! »

Aussitôt, elle appelle son fils, cet enfant ailé, si audacieux, qui brave la morale publique [2], s'arme de torches et de flèches [3], courant, la nuit, dans les maisons étrangères, troublant les ménages, suscitant impunément les plus grands désordres et ne faisant jamais le moindre bien. Quoique sa malice le rende déjà naturellement insolent, Vénus l'excite encore par ses paroles. Elle le conduit dans la ville en question et lui montre Psyché. Elle lui raconte comment la beauté de cette jeune fille rivalise avec la sienne et

1. Il s'agit de Pâris, fils du roi Priam. Les dieux l'ont désigné pour trancher la querelle qui oppose Junon, Minerve et Vénus. Pâris doit offrir une pomme d'or à « la plus belle » des trois déesses. Il choisit Vénus. Cet épisode est à l'origine de la guerre de Troie (qu'Homère racontera dans *L'Iliade*) car Vénus, pour remercier Pâris, lui promet l'amour d'Hélène, la plus belle des mortelles... et femme du roi Ménélas. L'enlèvement d'Hélène contraint Ménélas à lever une armée contre Troie...

2. Éros sème la panique partout où il va, il n'a aucun sens moral, aucun respect pour les mariages, qu'il détruit comme bon lui semble.

3. Éros est armé d'un arc et d'un carquois rempli de flèches avec lesquelles il transperce le cœur des humains pour qu'ils succombent à l'amour.

fait le sujet de toutes les conversations. « Mon fils, dit-elle, au nom de la tendresse qui t'unit à moi, par les douces blessures de tes flèches, par ces flammes délicieuses avec lesquelles tu brûles les cœurs, venge ta mère, venge-la pleinement et, en fils respectueux, punis une beauté insolente. Je ne t'adresse qu'une seule prière. Consens à l'accomplir : que cette jeune fille s'enflamme de la plus violente passion pour le dernier des hommes, un homme condamné par le sort à n'avoir ni position sociale, ni argent, ni sécurité d'existence, et tellement ignoble qu'on ne puisse trouver, dans le monde entier, un être aussi misérable. »

Après ces mots, de ses lèvres entrouvertes, elle
donne à son fils de longs et brûlants baisers. Puis elle
22 gagne le rivage le plus proche ; de ses pieds de rose,
elle effleure la crête des vagues onduleuses et prend
place dans son char qui s'avance sur la nappe azu-
rée [1] du profond océan. Au premier souhait qu'elle
vient de formuler, comme si depuis longtemps elle
avait donné ses ordres, les divinités de la mer se
hâtent de l'entourer de leurs hommages. Ce sont les
filles de Nérée [2], chantant en chœur, et Portunus
dont la barbe bleutée se hérisse ; c'est Salacia [3] char-
gée de poissons dans les plis de sa robe, et le petit
Palémon [4] à cheval sur un dauphin ; ce sont les
troupes des Tritons [5], qui bondissent de tous côtés

1. Métaphore. Apulée compare la mer à une « nappe » bleue.

2. *Nérée* est un dieu marin ; ses cinquante filles sont les Néréides.

3. *Salacia* : divinité marine.

4. *Palémon* : dieu grec identifié en général au dieu romain Portunus, divinité des ports.

5. *Tritons* : divinités marines qui descendent du dieu Triton.

sur les mers. L'un tire des accords mélodieux de sa conque [1] sonore, l'autre, avec un tissu de soie repousse les ardeurs d'un soleil cruel, un troisième tient un miroir devant le visage de sa maîtresse ; d'autres soulèvent, en nageant, son char à deux coursiers. Voilà le cortège qui accompagne Vénus allant vers l'océan.

Cependant, Psyché, malgré sa beauté éclatante, ne tire aucun avantage de son charme. Tout le monde la contemple, lui fait des éloges, mais personne, ni roi, ni prince, ni bourgeois ne se présente pour demander sa main. On admire, il est vrai, son air de déesse, mais comme on admirerait une statue. Depuis longtemps, ses deux aînées, dont la beauté ordinaire n'a été célébrée par aucun peuple, ont épousé des rois, mais Psyché, condamnée au célibat, reste chez ses parents à pleurer sa solitude. Les souffrances du corps se joignent aux blessures du cœur et elle déteste cette beauté pourtant honorée par toutes les nations.

Le père de l'infortunée princesse est au désespoir. Soupçonnant une malédiction du ciel et redoutant la colère des dieux, il interroge le très ancien oracle du dieu de Milet [2] et lui demande, par des prières et des sacrifices, un époux pour sa fille dédaignée. Mais Apollon, bien que grec, lui fit en latin la réponse suivante :

« Expose, sur un rocher, ta fille adorée,
Pour une union funèbre soigneusement parée

1. *Conque* vient du grec *konkhê* qui signifie coquille. Il s'agit de ce coquillage en spirale que les Tritons utilisent comme trompe.
2. Apollon avait un oracle près de Milet.

N'espère pas un gendre issu d'un sang mortel,
Mais un affreux dragon, monstre horrible et
[cruel,
Qui, parcourant les airs de son aile rapide,
Porte en tous lieux la flamme et le fer homi-
[cide [1] ;
Que craint Jupiter même, qui effraie tous les
[dieux,
Fait reculer le Styx [2] et ses flots ténébreux. »

Ayant reçu la réponse de l'oracle divin, le roi s'en retourna, découragé, dans son palais, et raconta à sa femme ce que prescrivait la funeste prophétie. On pleura, on se désola, on se lamenta pendant plusieurs jours ; mais l'accomplissement cruel du sinistre oracle approchait. On se mit à préparer pour la malheureuse fille le cortège de ses noces de mort. Déjà la flamme de la torche s'affaiblissait, sous une couche de suie noire [3], la musique de la flûte nuptiale se changeait en une plaintive mélodie lydienne [4], les chants joyeux de mariage se transformaient en hurlements lugubres. La jeune fiancée essuyait ses larmes avec son voile. La triste fatalité qui s'était abattue sur la famille attirait la sympathie de la ville entière, et on décréta aussitôt un deuil général.

Cependant, la nécessité d'obéir aux ordres du ciel appelait la malheureuse Psyché au supplice qui

1. *Homicide* : qui tue.
2. *Styx* : fleuve des Enfers.
3. Si, dans un cortège nuptial, un flambeau fume ou éclaire mal, on en déduit que le mariage ne sera pas heureux.
4. Une mélodie lydienne se joue à l'occasion de funérailles, et non pas d'une cérémonie de mariage.

lui était destiné. On accomplit donc, avec le plus profond chagrin, les rites de ce malheureux mariage ; on fit sortir du palais Psyché en larmes, qui se rendait, non à ses noces, mais à ses propres funérailles. Et, tandis que ses parents bouleversés, hésitaient encore à accomplir cet acte inhumain, leur fille elle-même les encouragea en ces termes :

« Pourquoi tourmenter votre malheureuse vieillesse par des pleurs continuels ? Pourquoi abréger votre vie ou plutôt la mienne, par tant de cris ? Pourquoi salir de larmes inutiles ces visages que je vénère ? Meurtrir vos yeux, c'est abîmer les miens. Pourquoi vous arracher les cheveux ? Pourquoi frapper votre poitrine, votre sein sacré ? Vous avez là, la digne récompense de ma sublime beauté. L'envie cruelle vous frappe d'un coup mortel : pourquoi faut-il que vous vous en rendiez compte si tard ? C'est quand les nations et les peuples vous accordaient des honneurs divins, quand, d'une voix unanime, on m'appelait la seconde Vénus, que vous auriez dû gémir, verser des larmes et me plaindre comme si vous m'aviez perdue. Je le comprends, je le vois maintenant, c'est le seul nom de Vénus qui me tue. Que l'on me conduise, que l'on me place sur le rocher désigné par l'oracle [1]. J'ai hâte de conclure cette heureuse union et de voir ce noble époux auquel j'appartiens. Pourquoi attendre ? Pourquoi ne pas affronter celui qui est né pour la ruine de l'univers entier ? »

1. Il s'agit de l'oracle de l'île de Milet. Pour la signification du mot « oracle », se reporter à la présentation, p. 10.

Après ces mots, la vierge se tut, et, d'un pas ferme, se joignit à la foule qui se rendait au rocher indiqué. Au sommet d'une montagne escarpée, on plaça la jeune fille. Tout le monde se retira, laissant là les torches nuptiales qui avaient éclairé la cérémonie et que les larmes avaient éteintes ; tous, la tête basse, regagnèrent leurs demeures tandis que les malheureux parents, abattus par une perte si douloureuse, s'enfermaient au fond de leur palais, se condamnant à la nuit éternelle.

* *
*

Psyché, effrayée et tremblante, se tient là en pleurs. Cependant, l'haleine délicate du Zéphir [1], agitant amoureusement les airs, fait onduler, des deux côtés, la robe dont elle est revêtue, en gonflant insensiblement les plis, puis il la transporte doucement au-dessus des pentes rocheuses d'une profonde vallée ; bientôt, il dépose la jeune fille sur un gazon fleuri.

Étendue mollement sur ce frais tapis, Psyché s'abandonne à un doux sommeil. Quand, réconfortée et reposée, elle se lève, elle a l'esprit plus calme. Elle aperçoit une forêt plantée d'arbres élevés et touffus et, au milieu de cette forêt, une source transparente comme le cristal. Près des bords de cette source, s'élève un palais que des mains mortelles n'ont pu construire. À la seule vue de l'entrée, on reconnaît le séjour somptueux de quelque divinité.

1. *Zéphir* : vent doux et agréable.

Les lambris [1] du plafond, artistement sculptés en ivoire et en bois de citronnier, sont supportés par des colonnes d'or. Tous les murs sont couverts de bas-reliefs en argent représentant des bêtes sauvages. C'est un homme admirable, un demi-dieu sans doute, qui a su, avec un art consommé, sculpter des animaux aussi vivants. Le sol lui-même est une mosaïque de pierres précieuses taillées en mille petits morceaux et dessinant différents tableaux. Quel bonheur inexprimable que de marcher sur des perles et des diamants ! Les autres pièces de la maison sont de la même splendeur ; les murs d'or massif brillent tant qu'ils éclaireraient le palais de leur lumière si le soleil lui refusait la sienne. On pourrait penser que Jupiter en personne a fait construire ce céleste palais pour habiter au milieu des humains.

Attirée par le charme de ces lieux, Psyché s'approche, et, d'un pas plus hardi, elle franchit le seuil. Bientôt, poussée par sa curiosité, elle promène partout des regards émerveillés. Dans les étages supérieurs, elle découvre des galeries d'une architecture parfaite où sont entassés des trésors considérables. Rien ne manque. Mais outre la surprise de trouver de telles richesses, Psyché constate qu'il n'y a ni chaîne, ni barrière, ni gardien pour défendre les lieux.

Alors qu'elle contemple tout cela avec un plaisir infini, une voix, sortie d'un corps invisible, vient frapper ses oreilles : « Pourquoi t'émerveiller de tant de richesses, maîtresse ? Tout cela est à toi. Aussi, va

---

1. *Lambris* : revêtements plus ou moins ouvragés qui ornent les murs ou le plafond d'une pièce. Ils sont le plus souvent en bois, en marbre ou en plâtre (stuc).

dans ta chambre, repose-toi de ta fatigue et, quand tu le voudras, demande un bain. Nous sommes attachés à ton service. Nous exécuterons tes ordres et, lorsque tu auras fait ta toilette, un repas royal te sera servi. »

Psyché comprit alors qu'elle était sous la protection d'une divinité. Écoutant ces conseillers invisibles, elle se livra au sommeil puis, à son réveil, prit un bain qui acheva de dissiper sa fatigue. Elle aperçut ensuite près d'elle un buffet semi-circulaire. Jugeant que c'était un repas préparé pour lui faire reprendre des forces, elle se mit volontiers à table. Aussitôt des vins pareils à du nectar [1], les plats les plus variés, les mets les plus abondants furent servis devant elle, comme poussés par un souffle. Elle ne voyait en effet personne, elle entendait seulement des paroles et c'étaient de simples voix qui la servaient. Après ce repas exquis, entra un chanteur invisible ; un autre jouait de la lyre, et l'on ne voyait ni l'instrument, ni l'homme. Puis un morceau d'ensemble, exécuté par un grand nombre de voix, frappa ses oreilles ; et bien qu'il n'apparût aucune créature humaine, il était évident qu'il y avait là un chœur.

Tous ces plaisirs consommés, comme le jour déclinait, Psyché rentra pour prendre du repos. La nuit était déjà bien avancée lorsqu'un léger bruit parvint à ses oreilles. Tremblant pour son honneur, au milieu d'un tel isolement, elle éprouva une crainte terrible et redouta, plus que tous les malheurs

1. *Nectar* : boisson de saveur exquise. Il arrive aussi qu'il désigne le breuvage qui confère aux dieux leur immortalité.

possibles, un dénouement qu'elle ne connaissait pas. L'époux inconnu se coucha près d'elle ; puis, après avoir fait d'elle sa femme, il la quitta précipitamment avant le lever du soleil. Un instant après, les voix qui avaient attendu à la porte de la chambre, s'occupèrent de la jeune mariée.

* *
*

Les choses se passèrent ainsi pendant longtemps. Comme le permet la nature, cette nouvelle vie, avec le temps, était devenue plaisante, et les accents des voix mystérieuses consolaient Psyché de sa solitude. Cependant, ses parents vieillissaient dans le chagrin et la douleur. La rumeur de cette affaire s'étant répandue, les deux sœurs aînées, pleines de tristesse, avaient abandonné leurs maisons, et s'étaient empressées d'aller réconforter leurs parents.

Une nuit, son mari dit à Psyché (bien qu'il fût invisible, elle pouvait le toucher et l'entendre) : « Psyché, ma douce amie, ma compagne adorée, la Fortune [1] cruelle te menace d'un grand danger, sois sur tes gardes, je t'en conjure. Tes sœurs troublées à l'idée de ta mort, cherchent les traces de tes derniers pas et arriveront bientôt à ce rocher. Si tu entends par hasard leurs lamentations, ne réponds pas, ne te permets même pas un regard. Ce serait cause, pour moi, d'une grande douleur et, pour toi, d'un terrible malheur. »

1. *Fortune* : divinité qui distribue le bonheur et le malheur sans règle apparente. Elle est souvent représentée les yeux bandés, debout sur une roue et tenant une corne d'abondance.

Psyché accueillit la recommandation et promit d'obéir à son mari. Mais quand, avec la nuit, il eut disparu, elle passa toute la journée à gémir et à se plaindre comme une malheureuse, répétant qu'elle était perdue, enfermée dans cette prison dorée, privée de tout contact avec les humains, et dans l'impossibilité de porter secours à ses sœurs qui la pleuraient, et même de les apercevoir. Bain, nourriture, réconfort, elle rejeta tout, et se retira pour se mettre au lit en pleurant.

Son mari vint, un peu plus tôt que d'habitude, s'étendre à côté d'elle ; et la prenant dans ses bras, il lui adressa des reproches : « Est-ce là ce que m'avait promis ma Psyché ? Que puis-je attendre de toi, moi, ton époux, que puis-je espérer ? Le jour, la nuit,

même dans mes bras, tu ne cesses de te tourmenter. Eh bien, fais ce que tu veux, puisque tu souhaites ton propre malheur ! Mais, lorsque, trop tard, viendra le repentir, souviens-toi que je t'avais prévenue ! »

Alors, la jeune femme, à force de prières et en menaçant de se donner la mort, arracha à son mari la permission tant attendue de voir ses sœurs, d'adoucir leur chagrin, de leur parler. Il permit, en outre, que Psyché leur donne de l'or et tous les bijoux qu'elles voudraient. Mais en même temps, il lui recommanda, en la menaçant à plusieurs reprises, de ne pas céder aux mauvais conseils que pourraient lui donner ses sœurs, et de ne chercher sous aucun prétexte à voir son visage à lui. Il ajouta que cette curiosité sacrilège causerait sa perte et la priverait à jamais de sa tendresse.

Elle remercia son mari et lui dit : « J'aimerais mieux mourir cent fois que de renoncer à notre union si douce ; car je t'aime. Oui, qui que tu sois, je t'aime tendrement ; tu m'es aussi cher que la vie ; et Cupidon lui-même ne me semble pas comparable à toi. Mais, je t'en supplie, accorde encore une grâce à mes prières, ordonne à ton serviteur Zéphir de transporter ici mes sœurs de la même manière que moi. » Et tout en le couvrant de baisers, en lui murmurant des mots de tendresse, en le serrant étroitement dans ses bras, elle ajouta à ses caresses les expressions les plus passionnées : « Doux ami, tendre époux, tu es l'âme de ta Psyché. » Son mari succomba, malgré lui, et promit tout ce qu'elle lui demandait. Puis, comme le jour approchait, il s'échappa une fois de plus des bras de son épouse.

Cependant, les deux sœurs, ayant appris à quel endroit Psyché a été abandonnée, s'y rendent avec empressement et se mettent à verser des torrents de larmes en se frappant la poitrine. Les rochers et les montagnes renvoient l'écho douloureux de leurs sanglots. Comme elles appellent leur malheureuse sœur, Psyché, entendant leurs voix plaintives, s'élance éperdue hors du palais et dit : « Pourquoi vous consumer en tristes lamentations ? Moi, celle que vous pleurez, me voici. Cessez vos cris lugubres, essuyez vos joues humides de larmes et embrassez celle que vous pleuriez. »

Alors, appelant Zéphir, elle lui communique les ordres de son mari. Immédiatement, il obéit et, par un souffle léger, transporte les sœurs de Psyché sans leur faire aucun mal. Les trois jeunes femmes s'embrassent, se couvrent de mille baisers ; leurs larmes, qui s'étaient arrêtées, coulent à nouveau, mais de joie.

« Entrez sous mon toit, dit Psyché, et remettez-vous de votre affliction en compagnie de votre chère Psyché. » Tout en parlant, elle leur montre les immenses richesses de son palais doré, leur fait entendre les nombreuses voix qui ont ordre de la servir et leur offre, pour réparer leurs forces, un bain splendide et une nourriture abondante digne de la table des dieux. Si bien que, pendant qu'elles savourent cette profusion de richesses divines, l'envie germe déjà au fond de leur cœur.

L'une des deux sœurs demande qui est le maître de ces biens dignes des dieux, qui est le mari de Psyché et à quoi il ressemble. Elle insiste et répète sa question. Mais Psyché se garde bien de violer la promesse conjugale et ne laisse pas échapper son secret.

Elle invente sur-le-champ que c'est un beau jeune homme, dont un duvet commence à ombrager les joues et, qui, la plupart du temps, est occupé à chasser dans les plaines et sur les montagnes. Puis, dans la crainte de trahir, involontairement, en prolongeant la conversation, le secret qu'elle veut garder, elle les charge de bijoux en or, de colliers de pierres précieuses, rappelle Zéphir et lui ordonne de les reconduire. Nos aimables sœurs, tout en revenant chez elles, brûlent d'une jalousie grandissante et causent entre elles d'une manière fort animée.

« Vois, finit par dire l'une d'elles, combien la Fortune est aveugle ! Déesse injuste, tu as voulu que, filles d'un même père et d'une même mère, nous ayons une destinée différente. Nous qui sommes les aînées, on nous a mariées à des étrangers dont nous sommes les servantes ; nous sommes bannies, loin de notre foyer, de notre patrie, de nos parents ; nous sommes, en quelque sorte, exilées. Et notre petite sœur, dernier fruit d'une fécondité qu'elle a tarie, aurait tant de richesses et un dieu pour mari, alors qu'elle ne sait même pas profiter de tant de biens ! Tu as vu, ma sœur, combien de merveilleux bijoux traînent partout dans la maison, combien de parures, de robes éblouissantes ! Et tu as vu les pierreries étincelantes et la quantité d'or qu'on foule à chaque pas ! Si Psyché a, de plus, un mari aussi beau qu'elle le dit, il n'y a pas de femme plus heureuse qu'elle sur la terre. Et peut-être même que l'habitude venant fortifier l'amour, son divin mari fera d'elle une déesse. Oui, c'est bien cela, il n'y a pas de doute ! Elle en prend les airs et la démarche. Dès maintenant, elle jette les yeux là-haut, et l'on sent la déesse dans une femme qui a des voix pour lui obéir et qui commande aux vents eux-mêmes. Comme je suis malheureuse ! D'abord, j'ai épousé un homme plus vieux que mon père ; ensuite, il est plus chauve qu'une citrouille et plus petit qu'un nain ; en plus, il tient tout à la maison, sous chaînes et sous clefs. »

L'autre sœur renchérit : « Moi, j'ai sur les bras un mari tout cassé, perclus de rhumatismes et qui, pour cette raison, partage rarement ma couche ; je passe presque tout mon temps à frictionner ses doigts déformés et durs comme pierre ; j'abîme mes mains délicates avec des compresses puantes, des linges dégoûtants, des cataplasmes [1] fétides, et le rôle que je joue n'est pas celui d'une épouse, mais celui

1. Vient du mot grec qui signifie « emplâtre ». Le *cataplasme* désigne une préparation médicinale pâteuse qu'on applique sur la peau pour combattre une inflammation.

d'une garde-malade. C'est à toi, ma sœur, de voir jusqu'où tu vas pousser la patience ou plutôt la servilité. Quant à moi, je ne puis supporter cette prospérité tombée dans des mains qui ne la méritent pas. Rappelle-toi, en effet, comme elle a agi avec nous avec orgueil et arrogance. En faisant étalage de ses richesses, elle a montré sa vanité ; et de tant de biens, que nous a-t-elle jeté ? Quelques miettes, comme à regret. Et puis, ne supportant plus notre présence, elle nous a fait expulser et chasser dans un tourbillon. Je ne suis pas une femme, je ne suis pas vivante, si je ne la fais pas tomber du haut de sa fortune. Et si toi-même, ce que je suppose, tu te sens insultée aussi, cherchons toutes les deux un plan de bataille énergique. D'abord, il ne faut

montrer ni à nos parents, ni à personne, ce que nous rapportons ; ensuite, prétendons que nous n'avons pas pu savoir si elle vit encore. C'est bien assez que nous ayons vu des choses qui nous ont humiliées, sans que nous allions répandre dans le monde entier et dans notre famille les nouvelles de son bonheur. Car l'on n'est pas heureux si personne ne connaît vos richesses. Tu apprendras, ma sœur, que nous sommes tes aînées, et non pas tes servantes. Et maintenant, retournons auprès de nos maris, retrouvons nos modestes foyers, et, après avoir longuement et mûrement réfléchi, nous reviendrons mieux armées et plus fortes pour punir tant d'orgueil. »

Les deux horribles créatures trouvent bon ce méchant projet ; elles cachent tous les cadeaux si précieux qu'on leur a faits ; et, s'arrachant les cheveux, se déchirant le visage (c'était, du reste, bien mérité), elles recommencent à pleurer. Puis, quand elles ont ravivé le désespoir de leurs parents, elles les quittent brusquement, gonflées d'une rage folle, et rentrent chez elles, bien décidées à ourdir un complot criminel contre leur sœur innocente.

Cependant, Psyché, pendant la nuit, reçoit encore de son mystérieux mari de nouvelles recommandations : « Ne vois-tu pas les dangers que la Fortune te prépare ? Prends de solides précautions, sinon, elle ne tardera pas à engager le combat avec toi. Deux mégères déploient des efforts incroyables pour t'entraîner dans leur piège criminel, un piège dont le but est de te pousser à voir mon visage ; mais, je t'ai déjà prévenue, si tu le vois une fois, tu ne le verras plus. Aussi, si ces deux pestes reviennent, avec leurs mauvaises intentions (et elles viendront, je le sais), évite de leur parler ; et si ta simplicité naturelle et ta sensibilité ne te donnent pas la force de le faire, promets-moi, au moins, de ne rien écouter et de ne rien répondre me concernant. Car notre famille va bientôt s'agrandir et ton ventre, qui est encore celui d'une enfant, porte aujourd'hui un autre enfant, qui sera un dieu si tu gardes le silence sur notre secret ; si, en revanche, tu le dévoiles, notre enfant sera mortel. »

À cette nouvelle, la joie envahit Psyché ; elle applaudit à l'espoir d'avoir une lignée divine ; elle tressaille d'orgueil en pensant à son futur bébé et à l'idée d'être mère ; elle compte avec anxiété les jours, les mois qui passent. Ce sont pour elle des sensations toutes neuves, et elle s'étonne qu'une si petite piqûre ait fait ainsi gonfler son ventre.

Mais déjà, les deux pestes, les abominables
Furies [1], les vipères, pleines d'impatience, prennent
la mer. C'est, pour le nocturne époux, l'occasion de
donner encore un avertissement à Psyché : « Voici le
dernier jour, dit-il, et nous touchons au moment
décisif. Des femmes qui te détestent, un sang qui
t'est hostile ont déjà pris les armes, levé le camp ;
l'armée est en bataille, la trompette guerrière a
donné le signal ; l'épée à la main, tes coupables
sœurs viennent pour t'égorger. Que de malheurs
nous menacent, ma douce Psyché ! Aie pitié de toi et
de nous, reste discrète, et évite à ta maison, à ton
époux, à toi-même et à notre enfant innocent le
désastre imminent. Ces femmes criminelles, qui ont
bafoué les liens du sang et qui te détestent, ne méri-
 tent plus d'être appelées des sœurs. Garde-toi de les
voir, de les entendre, quand elles feront retentir, du
haut de ce rocher, comme des Sirènes [2], leurs cris
funestes. »

Psyché lui répond d'une voix entrecoupée de larmes et de sanglots : « Depuis longtemps, je crois, tu as la preuve de ma fidélité et de ma discrétion ; encore une fois, je te prouverai la fermeté de mon caractère. Ordonne seulement de nouveau à Zéphir de s'acquitter de sa mission, et puisqu'il ne m'est pas possible de voir ton visage, permets-moi, au moins, de voir mes sœurs. Je t'en supplie, par les boucles

1. *Furies* : génies ailés, aux cheveux entremêlés de serpents, qui tourmentent les criminels et auxquels les sœurs de Psyché sont comparées.
2. *Sirènes* : grands oiseaux à têtes de femme ; ce sont les filles du dieu-fleuve Achéloos. Elles ensorcellent les marins pour les faire périr.

flottantes et parfumées de tes cheveux, par tes joues si tendres, si délicates, si semblables aux miennes, par ton cœur enflammé de je ne sais quelle ardeur secrète. Aussi passionnément que je désire connaître les traits de ton visage, je te supplie de te laisser fléchir par mes prières ; laisse-moi serrer mes sœurs dans mes bras et ranimer la joie dans mon cœur, moi qui suis tout à toi, qui ne vis que pour toi. Je ne demande plus de voir ton visage, les ténèbres de la nuit ne me gênent plus, tu es la lumière de ma vie. »

Charmé par ces tendres paroles et ces tendres baisers, le mari essuie, de ses propres cheveux, les larmes qu'elle verse, et lui promet de faire ce qu'elle désire. Puis il se hâte de devancer l'aube du jour naissant.

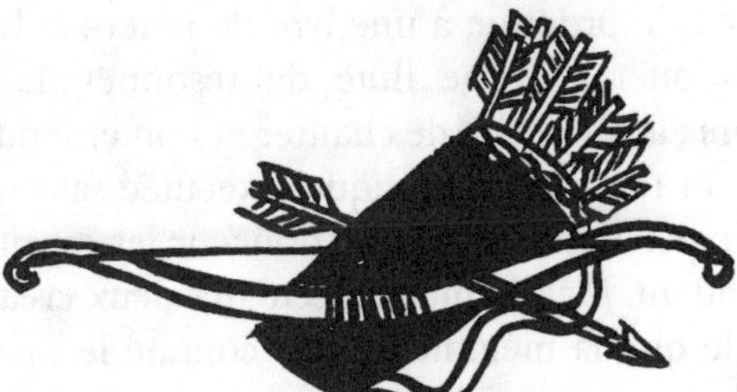

À peine débarquées, les deux sœurs complices, sans même aller voir leurs parents, s'acheminent droit au rocher. Elles l'escaladent avec la plus grande précipitation, et sans attendre l'arrivée du vent qui doit les porter, elles s'élancent dans le vide avec une témérité insolente. Zéphir, obéissant aux ordres de son roi, les reçoit, à regret, au sein d'un rapide courant d'air, pour les déposer ensuite sur le sol.

Elles arrivent en toute hâte au palais ; elles embrassent leur proie et l'appellent leur sœur. Les hypocrites ! Et dissimulant leur haine derrière un visage affectueux, elles lui adressent des paroles flatteuses : « Eh bien, Psyché, tu n'es plus une petite fille, te voilà bientôt mère ! quelle heureuse surprise nous prépares-tu dans ce joli sein ? Quelle joie pour toute notre famille ! Que nous serons heureuses de nourrir ce petit bijou ! Et si sa beauté répond à celle de ses parents, c'est un vrai amour qui va naître ! »

Ainsi, en simulant la tendresse, elles s'emparent peu à peu de l'esprit de leur sœur. Aussitôt, pour les délasser du voyage, celle-ci les fait asseoir, puis leur fait préparer des bains chauds ; enfin, elle les installe dans une magnifique salle à manger, où elles trouvent les mèts les plus rares et les confits les plus exquis. Elle ordonne à une lyre de jouer : la lyre se met à jouer ; à une flûte de résonner : la flûte résonne ; aux chœurs de chanter et l'on entend leur chant. Et toute cette musique, exécutée sans qu'on ne voie personne, emplit de douceur les esprits qui l'entendent. Mais la méchanceté des deux créatures est telle que la mélodie, douce comme le miel, ne peut les adoucir ni les calmer. Au contraire, sans perdre de vue le piège qu'elles veulent tendre à leur sœur, elles engagent la conversation. Sans faire semblant de rien, elles commencent à lui demander qui est son mari, quelle est sa famille et de quel milieu il sort. Alors Psyché, dans sa simplicité, oubliant ce qu'elle a dit auparavant, invente une autre histoire et dit que son mari est d'une province voisine, que c'est un riche marchand, qu'il a atteint l'âge mûr et qu'il grisonne un peu. Puis, sans s'attarder à ce discours, elle les comble encore des plus riches présents et les confie de nouveau à leur char aérien.

Transportées dans les airs par le souffle tranquille de Zéphir, elles reviennent chez elles et se disent l'une à l'autre : « Que dire, ma sœur, du monstrueux mensonge de cette idiote ? Hier, c'était un adolescent dont la barbe n'était qu'un léger duvet ; maintenant, c'est un homme d'âge mûr à la chevelure parsemée de cheveux blancs. Qui est donc ce mari capable de se transformer, en si peu de temps, en vieillard ? La seule explication possible, ma sœur, c'est que la perfide nous ment, ou bien ne connaît pas le visage de son époux. Quelle que soit la vérité, il faut la déposséder, au plus vite, de ses biens. Si elle ne connaît pas le visage de son mari, c'est, qu'à coup sûr, elle a épousé un dieu, et qu'elle porte un dieu dans son ventre. Si elle devient mère d'un enfant divin (puissions-nous l'éviter), je me passerai aussitôt la corde au cou. En attendant, rendons-nous chez nos parents et continuons à deviser : il nous faut absolument imaginer une ruse pour confondre Psyché ! »

Agitées par toute cette affaire, elles saluent à peine leurs parents en rentrant et, après une nuit blanche, dès le matin, s'en retournent au rocher ; elles descendent jusqu'en bas, grâce au vent, comme d'habitude ; puis, frottant leurs paupières pour faire venir quelques larmes, elles abordent la jeune fille avec ce discours plein de ruse : « Tu vis heureuse, ignorant le malheur et le danger qui te menacent. Mais nous qui songeons à tes intérêts, nous sommes désespérées de ton infortune. En effet, nous avons appris un secret que nous ne pouvons te cacher parce que nous prenons trop de part à tes chagrins et à tes malheurs. L'époux qui vient dormir la nuit, près de toi, est un énorme serpent, un monstre aux mille replis, au cou rempli d'un venin terrible, à la gueule béante et profonde ! Souviens-toi de l'oracle de la Pythie [1] qui a proclamé que tu devais épouser un monstre épouvantable. Beaucoup de paysans, de chasseurs du voisinage et presque tous les habitants du pays l'ont vu, le soir, revenir rassasié et nager dans le fleuve le plus proche. À en croire tout le monde, il ne te laissera pas longtemps savourer tant de douceurs ; quand tu seras arrivée au terme de ta grossesse, il te dévorera. C'est à toi désormais de savoir si tu veux écouter des sœurs qui tremblent pour toi, fuir la mort et vivre avec nous sans crainte du danger, ou bien si tu préfères avoir les entrailles d'un monstre impitoyable comme sépulture. Si tu es sous le charme de cet endroit isolé, peuplé de voix et d'un amour clandestin, empoisonné et dangereux, si tu aimes les étreintes d'un serpent venimeux, du moins, nous aurons fait notre devoir de sœurs aimantes. »

Alors, la pauvre Psyché, bouleversée, est saisie de terreur à ces sinistres paroles. Perdant tout contrôle d'elle-même, elle oublie toutes les recommandations de son mari, toutes les promesses qu'elle lui a faites, et se précipite dans le gouffre du malheur. Tremblante, pâle, livide, elle murmure d'une voix

1. La prêtresse d'Apollon à Delphes, qu'on appelle la *Pythie*, mâche des feuilles de laurier et boit l'eau d'une source sacrée. Elle entre alors en transes et balbutie des mots confus, que les prêtres attachés au sanctuaire interprètent, et qui sont la réponse d'Apollon au consultant.

éteinte, des mots entrecoupés, et leur dit : « Vous, mes chères sœurs, vous faites votre devoir de sœurs et ceux qui vous affirment de telles horreurs ne me semblent pas avoir tout inventé. Car je n'ai jamais vu le visage de mon époux ; j'ignore complètement d'où il vient ; ce n'est que la nuit que je l'entends parler, à voix basse. Il me cache son apparence et s'enfuit avec le jour. Voilà, mes sœurs, ce que je suis obligée de supporter ; et quand vous dites que c'est un monstre, je pense que vous avez raison. Il cherche à me faire peur pour m'empêcher de voir son visage, et me menace des plus grands châtiments si j'essaie de le faire. Maintenant, si vous pouvez secourir et sauver votre pauvre sœur, c'est le moment de me venir en aide ; autrement, votre négligence détruirait le service que votre prévoyance passée m'a rendu. »

Ayant ainsi découvert le secret de leur sœur, les méchantes femmes renoncent à dissimuler leur machination et s'emparent de son esprit affolé.

L'une d'elles dit à Psyché : « Les liens du sang nous obligent à ne considérer aucun péril quand il s'agit de ton salut. Nous ne voyons qu'un seul moyen, nous y avons mûrement réfléchi. Prends un poignard bien tranchant et cache-le soigneusement du côté du lit où tu couches d'habitude ; procure-toi une lampe, remplis-la d'huile pour qu'elle brille d'une vive lumière et place-la derrière le rideau de la chambre. Garde secrets tous ces préparatifs et quand il sera entré, en sillonnant sur le plancher, qu'il sera monté sur le lit, comme d'habitude, qu'il sera étendu et plongé dans son premier sommeil, que sa respiration te prouvera qu'il dort profondément, lève-toi ; pieds nus, doucement, à petits pas, va dégager la lampe de sa cachette obscure et profite de sa lumière pour exécuter ton glorieux exploit. Saisis ton arme à deux tranchants, lève d'abord la main droite et d'un effort vigoureux, frappe ce serpent redoutable, de manière à détacher sa tête de son cou. Nous ne te refuserons pas notre aide. Aussitôt que, par sa mort, tu auras assuré ton salut, nous volerons vers toi ; nous t'emmènerons bien vite en emportant toutes ces richesses avec toi et nous te ferons faire un beau mariage avec un homme. »

Ayant enflammé, par leurs paroles, le cœur trop naïf de Psyché, elles l'abandonnent aussitôt, craignant de rester près du lieu où va se jouer un tel drame. Le souffle du vent les emporte, comme de coutume, jusqu'au sommet du rocher ; puis elles s'enfuient aussi vite qu'elles le peuvent et disparaissent.

Psyché, qu'elles ont laissée seule, n'est cependant pas seule : les Furies impitoyables l'obsèdent, des pensées désespérées bouillonnent dans son cœur comme les flots de la mer. Bien que sa décision soit prise et son intention ferme, elle hésite encore. Sa résolution vacille, mille sentiments combattent en elle : l'impatience, l'indécision, l'audace, la frayeur, la méfiance, la colère. Pour tout dire, dans le même être, elle adore l'époux et déteste l'affreux reptile. Le soir cependant ramène la nuit, et elle se hâte de tout préparer pour son odieux forfait.

* *
*

La nuit arrive, l'époux aussi. Après de tendres ébats, il s'endort profondément. Alors Psyché, qui sent défaillir et son âme, et son corps, est ranimée par l'implacable fatalité : elle retrouve son courage, va chercher la lampe, prend le poignard ; son audace est toute virile. Déjà la lumière qu'elle vient d'approcher éclaire le lit. Quel spectacle ! Elle voit le plus doux et le plus aimable des monstres : c'est l'Amour en personne, c'est ce dieu si beau, reposant dans le plus bel abandon. À sa vue, la lumière de la lampe se fait plus joyeuse et le fer du poignard sacrilège plus étincelant.

Mais Psyché, stupéfaite d'un tel spectacle, anéantie, incapable de reprendre ses esprits, toute pâle, tremblante, se laisse tomber sur les genoux. Elle cherche à cacher l'arme, mais en la plongeant dans sa propre poitrine. Et elle l'aurait fait, assurément, si le fer, craignant un tel crime, n'avait pas glissé de ses mains imprudentes et lui avait échappé ! Toutefois, elle ne tarde pas à retrouver ses esprits, à force de contempler la beauté de ce divin visage.

Elle admire cette gracieuse, cette noble chevelure parfumée, ce cou blanc comme du lait, ces joues éblouissantes de fraîcheur, ces boucles de cheveux soyeuses qui tombent sur son front et sa nuque. Leur éclat, étincelant, fait vaciller la lumière même de la lampe. Aux épaules du dieu brillent de petites ailes d'une exquise délicatesse, douces comme la rosée et blanches comme le lis. Bien que ces ailes soient au repos, le doux et moelleux duvet qui les borde frémit légèrement et ne cesse de s'agiter. Le reste de son corps est brillant et poli comme de l'ivoire, tel enfin que Vénus n'ait point à rougir de son fils.

Au pied du lit, sont posés un arc, un carquois et des flèches, armes dociles du dieu puissant. Psyché ne peut se rassasier de les examiner, de les admirer, et voici qu'elle tire du carquois une flèche et veut en essayer la pointe sur le bout de son pouce. En la tenant, ses doigts tremblent et elle se pique assez profondément pour qu'apparaissent quelques gouttes de sang rosé sur sa peau. Ainsi, sans le savoir, Psyché est amoureuse de l'Amour et éprouve une passion de plus en plus ardente pour celui qui fait naître les passions ! Elle se penche avidement sur lui, la bouche entrouverte de plaisir ; elle le couvre des baisers les plus tendres et les plus empressés, tout en craignant de troubler son sommeil.

Mais, tandis que, tout émue par cet immense bonheur, elle s'abandonne, le cœur défaillant, la lampe (Est-ce noire perfidie ? Est-ce jalousie coupable ? Veut-elle aussi toucher un si beau corps et lui donner un baiser ?) laisse tomber une goutte d'huile bouillante sur l'épaule droite du dieu. Il se réveille en sursaut ; et, voyant que son secret a été outrageusement trahi, s'envole, sans dire un mot, loin des regards et des bras de sa malheureuse épouse.

Psyché, au moment même où il s'est levé, lui a saisi la jambe droite à deux mains, et, suspendue à lui dans sa course aérienne, le suit un instant avant de retomber, épuisée, sur le sol. Le dieu, qui l'aime encore, ne l'abandonne pas ainsi étendue, il se pose tout en haut d'un cyprès voisin et lui parle ainsi avec une profonde émotion : « Naïve Psyché, j'avais oublié les ordres de ma mère : au lieu de t'inspirer, comme elle le voulait, une passion pour un homme sans fortune et sans noblesse, au lieu de t'enchaîner à un mari indigne, j'ai préféré, par amour, m'envoler jusqu'à toi. J'ai agi à la légère, je le sais bien ; et moi, l'archer célèbre, je me suis blessé moi-même et j'ai fait de toi mon épouse. Était-ce donc pour que tu voies en moi un monstre ? Pour que tu essaies de trancher cette tête dont les yeux t'adorent ? Que de fois j'ai fait appel à ta prudence ! Que de conseils bienveillants je t'ai donnés ! Mais tes excellentes conseillères vont bientôt expier leurs mauvaises leçons ! Quant à toi, ma fuite seule te punira... » Ayant achevé son discours, il s'envole dans les airs et disparaît.

* *
*

Psyché, suivant des yeux, aussi loin que possible, le vol de son mari, s'effondra le cœur brisé. Lorsqu'il eut disparu de sa vue, elle courut se précipiter dans un fleuve qui coulait non loin de là. Mais le fleuve bienveillant, par respect pour Éros [1] et par crainte pour lui-même, la souleva aussitôt sur ses vagues et, sans lui faire de mal, la déposa sur sa rive fleurie.

Tout à fait par hasard, au même moment, Pan, le dieu champêtre, était assis sur la berge ; il tenait dans ses bras la nymphe Écho [2] et lui apprenait à reproduire toutes sortes de sons. Tout près du bord,

---

1. *Éros* : nom grec de l'Amour. Ce n'est donc qu'une seule et même personne (voir la présentation p. 11).
2. *Nymphe* : divinité d'un rang inférieur à une déesse, qui hante les bois, les montagnes, les fleuves ou la mer. *Écho* a été punie par Junon pour avoir aidé Jupiter dans ses amours illégitimes et peut seulement répéter les derniers mots qu'elle vient d'entendre. Elle personnifie l'écho.

des chèvres broutaient, çà et là, l'herbe du rivage. Le dieu aux pieds de bouc aperçut Psyché en larmes ; il connaissait son aventure et, l'appelant avec douceur auprès de lui, il la consola ainsi : « Ma belle enfant, je ne suis qu'un campagnard, un berger ; mais vu mon âge, je ne manque pas d'expérience. Si je ne me trompe pas, ta démarche incertaine et chancelante, ta pâleur excessive, tes soupirs continuels et enfin tes yeux noyés de larmes montrent que tu as un chagrin d'amour. Écoute-moi, ne persiste pas à vouloir périr ; sèche tes larmes et calme ta douleur ; offre plutôt tes prières à l'Amour, le plus grand de tous les dieux, et comme il est jeune, voluptueux et sensible, ta soumission en fera ton allié. »

Psyché ne répondit pas au dieu, mais lui rendit grâces comme à une divinité protectrice, et continua sa route. Après avoir erré, très lasse, pendant quelque temps, elle suivit un sentier inconnu et se trouva près d'une ville où régnait le mari d'une de ses sœurs. Dès qu'elle l'apprit, Psyché fit annoncer sa présence à cette sœur. Celle-ci, après l'avoir embrassée, lui demanda la raison de sa venue. Psyché commença ainsi : « Tu te rappelles le conseil que vous m'avez donné ; vous m'avez dit qu'un monstre, sous le nom trompeur de mari, passait ses nuits avec moi ; vous m'avez persuadée de le tuer avec un poignard à deux tranchants, avant qu'il m'engloutisse dans sa gueule avide. J'étais d'accord avec vous ; mais quand j'ai approché de son visage la lumière de ma lampe, j'ai été frappée d'un spectacle merveilleux et surnaturel : c'était le fils de la déesse Vénus, l'Amour en personne, paisiblement endormi. Et je ne pouvais éteindre mes désirs, tant j'étais émue de ce que je voyais et troublée par un violent amour. Soudain, ô malheur sans égal ! la lampe qui brûlait laissa tomber une goutte d'huile bouillante sur son épaule. Aussitôt, la douleur le réveilla et, me voyant armée du fer et du feu, il me dit : « Ton crime est horrible ; sors immédiatement de mon lit, et prends ce qui t'appartient. Ce sera ta sœur (et il prononçait ton nom), ce sera ta sœur que j'épouserai en lui offrant les présents d'usage. » Et aussitôt, il ordonna à Zéphyr de me transporter d'un souffle hors des limites de sa demeure. »

Psyché n'avait pas encore fini de parler, que l'autre, excitée par une passion et une jalousie criminelles, inventa une histoire pour tromper son mari ; et, prétextant qu'elle venait d'apprendre la mort de ses parents, elle s'embarqua aussitôt et se rendit tout droit au rocher. Là, bien que le vent qui soufflait ne fût pas Zéphyr, aveuglée d'un espoir fou, elle s'écria : « Reçois-moi, Amour, reçois une épouse digne de toi, et toi, Zéphyr, porte ta maîtresse. » En même temps, elle s'élança dans le vide, avec énergie. Mais elle ne parvint pas, même morte, à l'endroit souhaité, car ses membres se déchirèrent sur les angles des rochers et ses chairs furent mises en lambeaux. Elle eut le sort qu'elle méritait : elle périt et fut la proie des oiseaux et des bêtes sauvages.

Le châtiment de la seconde sœur ne tarda guère non plus. Psyché, se remettant en route, parvint à la ville où vivait son autre sœur. À nouveau, elle se servit de la même ruse pour tromper celle-ci, qui, brûlant de remplacer sa cadette en concluant un mariage criminel, courut au rocher avec empressement et fut précipitée dans une mort toute pareille.

Pendant que Psyché, ne pensant qu'à retrouver son époux, fait le tour du monde, Éros, souffrant de la blessure de la lampe, gémit, couché dans la chambre de sa mère, et Vénus, comme à son habitude, se baigne dans les flots. Alors, se posant près d'elle, l'oiseau tout blanc, qui nage à la surface des mers en les rasant de son aile, lui apprend que son fils est brûlé, qu'il souffre beaucoup et qu'il garde le lit sans savoir s'il guérira ; que, dans tout l'univers, ce ne sont que rumeurs et plaintes injurieuses, qu'on fait une mauvaise réputation à Vénus et à sa famille ; qu'on dit ne plus savoir où les trouver, tout occupés qu'ils sont, lui à vivre dans les montagnes avec une femme de mauvaise vie, et elle à nager dans la mer ; qu'il n'y a plus de volupté, plus de grâce ; que tout est sauvage et affreux : plus de noces, plus de ménages unis, plus d'enfants adorés, plus de serments d'amour. Voici ce que l'oiseau bavard vient caqueter aux oreilles de la déesse.

Vénus, outrée, s'écrie soudain : « Ainsi donc, mon excellent fils a une maîtresse ? Dis-moi donc, toi qui me sers avec dévouement, le nom de celle qui a débauché ce garçon si naïf et encore si jeune. Est-ce une des Nymphes ? Une des Heures [1] ? Une des Muses [2] ? Est-ce une des Grâces [3] qui sont à mon service ? »

---

1. *Heures* : compagnes de Vénus ; elles personnifient les saisons.

2. *Muses* : neuf déesses qui président aux arts libéraux (histoire, éloquence, tragédie, comédie, musique, danse, élégie, lyrisme, astronomie).

3. *Grâces* : trois déesses qui personnifient le don de plaire.

L'oiseau ne reste pas muet et répond : « Maîtresse, je ne suis pas sûr, mais je crois que c'est une jeune fille qui s'appelle Psyché ; on dit qu'il en est follement amoureux.

— Quoi ! En vérité, s'écrie Vénus avec indignation, il aime cette Psyché, ma rivale en beauté, celle qui prétend me ravir mon nom ? Mon rejeton me prend pour une entremetteuse ; il s'est imaginé que je lui faisais rencontrer la jeune fille pour qu'ils fassent connaissance ! »

En maugréant ainsi, elle se dépêche de sortir de l'eau et gagne aussitôt sa magnifique demeure. Trouvant son fils malade, comme on le lui avait dit, dès le pas de la porte, elle se met à crier de toutes ses forces : « C'est du joli, et c'est vraiment digne de notre naissance et de ta bonne conduite habituelle ! Tu commences par fouler aux pieds les ordres de ta mère ; tu n'as pas fait subir à ma rivale la honte d'un amour indigne ! Ensuite, était-ce à un enfant de ton âge d'en faire ta femme ? N'es-tu pas trop jeune pour m'imposer une bru [1] qui serait mon ennemie ? Crois-tu donc, vaurien, petit séducteur, monstre, que tu es seul capable d'avoir des enfants et que je suis trop vieille pour être mère ? Je suis bien aise de t'apprendre que j'aurai un autre fils, qui vaudra beaucoup mieux que toi. De plus, pour te faire subir un affront plus sensible, j'adopterai l'un de mes petits esclaves et je lui donnerai tes ailes, ton flambeau, ton arc et même tes flèches. Cet équipement m'appartient et je ne te l'avais pas confié pour que tu l'uti-

1. *Bru* : expression vieillie pour désigner la femme d'un fils (on dit plus couramment une belle-fille).

lises ainsi ! Mais tu as été mal élevé dès ta plus tendre enfance, tu as la main leste. Que de fois tu as battu ceux qui étaient plus âgés que toi ! Moi-même, ne me dépouilles-tu pas tous les jours ? Ne m'as-tu pas frappée cent fois ? Ne me méprises-tu pas, comme si je n'avais pas de protecteur ? Et ton beau-père [1] ce valeureux, cet illustre guerrier, tu n'en as pas la moindre peur. Que dis-je ? Afin de me faire enrager, tu lui procures des filles ! Ah ! Je te ferai regretter tes petits jeux et ton mariage ! Mais quand on se moque ainsi de moi, que puis-je faire ? Où me cacher ? Comment punir ce petit serpent ? Vais-je demander du secours à mon ennemie, la Sobriété, que j'ai si souvent offensée pour satisfaire les caprices de cet enfant ? Faut-il que j'aille me compromettre avec
52 une femme si grossière et si négligée ? Cette idée me fait frémir. Et pourtant la vengeance a ses consolations, que je ne dédaigne pas. Oui, j'irai trouver la Sobriété ; elle châtiera vertement ce fripon, videra son carquois, rendra ses flèches inoffensives, détendra son arc, éteindra sa torche ; et elle le matera lui-même, dans son corps, par les remèdes les plus énergiques. Je ne me considérerai vengée que lorsqu'elle lui aura rasé les cheveux, ces cheveux dont j'ai si souvent, de mes mains, caressé les flots d'or et lorsqu'elle aura rogné ces ailes que j'ai, sur mes genoux, inondées de mon lait ! »

Ayant ainsi parlé, furieuse, elle sort de son palais. La colère la bouleverse. Et quelle colère est celle de

1. Le beau-père de l'Amour est Mars, amant de Vénus.

Vénus ! Elle croise bientôt Cérès [1] et Junon [2]. Les déesses, voyant son air furieux, lui demandent la cause de cette colère qui masque le charme et l'éclat de ses beaux yeux. « Vous tombez bien, leur dit-elle, je suis si fâchée que je suis capable de n'importe quelle violence. Faites tout ce que vous pourrez pour me trouver cette Psyché, qui s'est enfuie, envolée je ne sais où. Car vous n'ignorez pas, je suppose, le scandale de ma maison et l'escapade de celui que je ne dois plus appeler mon fils. »

Ayant appris ce qui s'est passé, les déesses entreprennent de calmer la violente colère de Vénus : « Quel si grand forfait, Madame, a donc commis votre fils, pour que vous vous obstiniez à contrarier ses penchants et à vouloir la perte de celle qu'il aime ? Est-ce donc un crime de faire les yeux doux à une jolie fille ? Ne savez-vous pas que ce garçon est un jeune homme ? Avez-vous oublié son âge ? Est-ce parce qu'il le porte bien, qu'il vous paraît toujours un enfant ? Vous qui êtes sa mère, voudrez-vous toujours surveiller ses amourettes, lui reprocher ses bêtises, contrarier ses jeux et blâmer en lui vos pratiques et vos talents ? Quel dieu, quel mortel supportera que vous interdisiez la douceur d'aimer aux Amours de votre famille, alors que vous-même répandez le désir chez tous les peuples ? »

Par ce plaidoyer tendancieux, les déesses, qui craignent les flèches de l'Amour, cherchent à se

---

1. *Cérès* : déesse de la fertilité et des moissons pour les Romains Les Grecs l'appellent Déméter.
2. *Junon* : sœur et épouse de Jupiter. Dans la religion romaine, elle incarne la déesse de la féminité.

concilier les bonnes grâces de celui-ci. Mais Vénus, indignée que l'on considère les affronts qu'elle a subis comme des plaisanteries, les laisse l'une et l'autre et, se remettant en marche, retourne vers la mer.

Psyché, quant à elle, court de tous côtés.
54 Occupée, jour et nuit, à chercher son époux, elle ne prend aucun repos. Bien qu'il soit en colère, elle espère, plutôt que l'adoucir par ses caresses d'épouse, le désarmer par ses supplications d'esclave. Ayant aperçu un temple sur le sommet d'une montagne escarpée, « qui sait, se dit-elle, si mon seigneur et maître ne vit pas ici ? » Et elle se dirige avec ardeur vers le temple en question où l'entraînent, malgré sa fatigue, ses espérances et ses vœux. Après avoir courageusement escaladé la montagne, elle entre dans le sanctuaire. Elle aperçoit des épis de blé amoncelés, d'autres tressés en couronnes ; elle voit aussi des épis d'orge. Il y a également des faux et tous les outils pour la moisson, mais jetés pêle-mêle, sans aucun soin, comme il arrive quand les travailleurs, en sueur, sont fatigués. Psyché démêle soigneusement cet amas : elle sépare, elle remet tout en ordre, convaincue qu'elle ne doit négliger ni le

temple, ni le culte d'aucun dieu, mais, au contraire, implorer de tous une pitié bienveillante.

Pendant qu'elle accomplit cette tâche avec le plus grand zèle, Cérès la nourricière l'aperçoit et pousse aussitôt un long soupir : « Ah ! Malheureuse Psyché ! Vénus cherche anxieusement la trace de tes pas dans tout l'univers. Rien n'égale sa fureur et son désir de te rencontrer. Elle veut te faire périr du dernier supplice ; et pour se venger, elle met en œuvre toute sa puissance. Et toi, pendant ce temps, tu prends soin de mes intérêts et tu penses à tout autre chose qu'à ton salut ! »

Alors Psyché se prosterne à ses genoux ; de ses cheveux, elle balaye le sol, arrose les pieds de la déesse de larmes abondantes et implore sa protection par d'ardentes prières : « Au nom de votre main qui donne les fruits de la terre, au nom des bienfaisantes cérémonies des moissons, au nom des mystères secrets des corbeilles [1], au nom du chariot ailé des dragons, vos serviteurs, au nom des sillons fertiles de la Sicile, au nom du char qui a enlevé Proserpine [2], au nom de la terre qui la retient, de ses noces souterraines, et du flambeau à l'aide duquel vous l'avez sortie des Enfers, je vous supplie de prendre sous votre protection la vie de la malheureuse Psyché. Permettez que je me cache, quelques jours, au milieu de cet amas d'épis, jusqu'à ce que la fureur de la puissante déesse se calme ou que le repos ait ranimé mes forces. »

---

1. *Les corbeilles* contiennent les instruments du culte de Déméter.
2. *Proserpine*, fille de Déméter, est une divinité des Enfers. Elle a été enlevée par Pluton qui l'a transportée dans son royaume des morts.

Cérès lui répond : « Tes larmes et tes prières m'ont émue et j'aimerais te secourir. Mais Vénus est ma parente ; des liens d'amitié m'unissent à elle depuis longtemps, c'est, de plus, une excellente femme, et je ne peux m'exposer à lui être désagréable. Sors donc de ce temple tout de suite et estime-toi heureuse de ne pas être ma prisonnière. »

Psyché s'éloigne, le cœur doublement désolé. Elle retourne sur ses pas. Dans un vallon, à travers un bois épais, elle aperçoit, de loin, un temple d'une architecture raffinée ; ne voulant négliger aucune chance, même minime, et voulant se concilier la faveur de toute divinité, elle s'approche des portes sacrées. Elle voit des offrandes superbes, des robes brodées d'or, suspendues aux branches des arbres et aux portes et sur lesquelles sont inscrits le nom de la déesse à qui elles ont été offertes et les bienfaits accordés. Alors, mettant un genou en terre et embrassant de ses mains l'autel encore tiède, après avoir essuyé ses larmes, Psyché fait cette prière : « Épouse et sœur du grand Jupiter, soit que vous habitiez, en ce moment, votre antique temple dans cette Samos [1] qui se glorifie de vous avoir donné le jour, d'avoir entendu vos vagissements, de vous avoir allaitée ; soit que vous séjourniez dans les heureuses demeures de Carthage, qui vous adore sous les traits d'une vierge transportée aux cieux par un dragon ; soit que, près des rives de l'Inachos [2], qui depuis

1. *Samos* : île de la mer Égée.
2. *Inachos* : dieu-fleuve qui arrose la ville d'Argos, où un culte était rendu à Junon.

longtemps, te proclame l'épouse du maître du tonnerre et la reine des déesses, vous veilliez sur les célèbres murailles d'Argos ; vous que tout l'Orient vénère sous le nom de Zygia [1], tout l'Occident sous celui de Lucine [2], dans mon infortune extrême, soyez pour moi Junon protectrice. Considérez la détresse où toutes mes fatigues m'ont plongée ; délivrez-moi du péril redoutable qui me guette. Je crois savoir que vous avez coutume d'aider, de vous-même, les femmes enceintes qui sont en danger. »

Junon, alors, se présente devant elle, dans tout l'éclat de sa divinité et lui dit : « Comme j'aimerais, par ce que j'ai de plus sacré, t'accorder ce que tu désires ! Mais puis-je m'opposer à la volonté de Vénus, ma bru, que j'ai toujours aimée comme ma fille ? L'honneur me le permet-il ? D'ailleurs les lois qui défendent de recueillir les esclaves des autres quand ils ont pris la fuite me retiendraient encore. »

Ce nouveau coup du destin accable tout à fait Psyché. Ne pouvant retrouver son époux et ayant perdu tout espoir de salut, elle se fait à elle-même cette réflexion : « Que puis-je tenter ? Que puis-je obtenir, dans mon malheur, moi que des déesses, malgré leur bonne volonté, n'ont pu aider ? Environnée de tant de pièges, où porter mes pas ? Sous quel toit, dans quelles ténèbres me cacher pour échapper à l'œil inévitable de la puissante Vénus ? Je dois m'armer d'une mâle énergie, et avoir la force de renoncer à un faux espoir. Je dois me livrer volon-

1. *Junon Zygia* : protectrice des mariages.
2. *Junon Lucine* : déesse des naissances.

tairement à ma souveraine, ma soumission, même tardive, désarmera sa colère et sa cruauté. Qui sait si celui que je cherche depuis longtemps ne se trouve pas dans le palais de sa mère ? »

58 Cependant, Vénus, qui n'a pas trouvé Psyché sur la terre, veut monter dans l'Olympe [1]. Elle fait équiper le char que Vulcain, le dieu orfèvre [2], lui a jadis fabriqué avec tout son art, et qu'il lui a offert, en cadeau de mariage. C'est un char magnifique, que la lime, en amincissant le métal, a rendu encore plus éclatant. Des nombreuses colombes qui ont fait leurs nids autour de l'appartement de la déesse, quatre s'avancent joyeusement, éblouissantes de blancheur et passent leurs jolis cous sous un joug étincelant de pierreries. Leur maîtresse monte et les voilà qui s'envolent gaiement. Le char de la déesse est suivi par

1. *Olympe* : nom de plusieurs montagnes de la Grèce ancienne. De la plus connue, située entre la Macédoine et la Thessalie, les anciens Grecs avaient fait la résidence des dieux.
2. *Vulcain* : dieu du feu et des métaux. Forgeron habile, il fabrique les foudres de Jupiter et les armes des héros.

des moineaux au bruyant gazouillis ; d'autres oiseaux annoncent, par de suaves accords, l'arrivée de Vénus. Le cortège harmonieux de la puissante Vénus ne craint ni les aigles, ni les vautours qu'il croise en chemin ; les nuages s'écartent, le ciel ouvre ses portes à sa fille, l'éther [1], encore plus haut, reçoit la déesse avec joie.

Immédiatement, elle se dirige vers le royal palais de Jupiter, et, fièrement, lui demande l'aide du dieu Mercure [2] à la voix sonore, dont elle a besoin pour ses projets. Jupiter acquiesce d'un froncement de son noir sourcil. Triomphante, Vénus descend aussitôt du ciel avec Mercure. Préoccupée, elle lui adresse ces paroles : « Mon frère l'Arcadien [3], vous savez que votre sœur Vénus n'a jamais rien fait sans Mercure ; d'un autre côté, vous n'ignorez pas depuis combien de temps je cherche, en vain, l'esclave qui se dérobe à moi. Il ne me reste donc plus d'autre solution que de faire savoir publiquement, par votre voix, qu'il y aura une récompense pour celui qui la trouvera. Je vous prie d'accéder à ma demande et d'indiquer nettement son signalement : de la sorte, si plus tard nous accusons quelqu'un de l'avoir cachée de manière illégale, il ne pourra pas prétendre qu'il ne savait rien. » En disant ces mots, elle lui donne un papier qui contient le nom de Psyché et d'autres indications, et s'en retourne aussitôt chez elle.

1. *L'éther* désigne un fluide très subtil que les Anciens supposaient régner au-dessus de l'atmosphère. C'est pourquoi, dans la progression de Vénus vers l'Olympe, il vient en dernier, après nuages et ciel.

2. *Mercure* : dieu protecteur des commerçants et des voyageurs.

3. Frère de Vénus, Mercure est né dans une caverne du mont Cyllène, en Arcadie.

Mercure se hâte d'obéir. Il court d'un bout à l'autre du monde, de nation en nation. Et il fait, dans les termes suivants, l'annonce que veut la déesse : « Une esclave nommée Psyché, fille de roi et appartenant à Vénus, a pris la fuite. On prie celui qui pourra l'arrêter ou indiquer où elle se cache, d'en avertir Mercure, le crieur public. Il recevra, pour prix de ses renseignements, sept doux baisers de Vénus elle-même, et un dernier, plus délicieux que tous les autres, donné avec la langue, sur la bouche. »

À l'annonce de Mercure, le désir d'une récompense suscite, chez tous les mortels, un empressement extraordinaire. Psyché alors n'hésite plus. Elle se rend chez sa souveraine. Arrivée aux portes de sa demeure, elle voit s'avancer à sa rencontre une des suivantes de Vénus, nommée l'Habitude, qui lui crie aussi fort que possible : « Enfin, détestable servante, tu as compris que tu avais une maîtresse ? Ou bien, avec la légèreté qui te caractérise, feras-tu semblant d'ignorer toutes les peines que nous avons eues à te courir après ? Par bonheur, tu es tombée entre mes mains, te voilà bel et bien dans les griffes de l'Enfer ; tu vas être punie de ta rébellion. » Et, la saisissant audacieusement par les cheveux, elle l'entraîne, sans que Psyché oppose la moindre résistance.

Elle comparaît alors devant Vénus. À sa vue, la déesse éclate de rire ; puis, hochant la tête et se grattant l'oreille, elle dit : « Enfin, vous avez daigné venir saluer votre belle-mère ! Ou n'est-ce pas plutôt votre mari, bien malade de la blessure que vous lui avez infligée, que vous venez voir ? Mais soyez tranquille ; je vous recevrai comme le mérite une bonne bru.

Où sont, ajouta-t-elle, l'Inquiétude et la Tristesse, mes deux servantes ? » Et, les faisant entrer, la déesse livre Psyché à leurs tortures. L'une et l'autre se mettent à fouetter cruellement la pauvre Psyché, à l'accabler de tous les traitements les plus affreux et la ramènent devant Vénus.

Celle-ci se met à rire à nouveau : « Voilà donc ce ventre qui doit me porter à l'indulgence ! Le fruit glorieux qui me procurera le bonheur d'être grand-mère doit en sortir ! Bonheur suprême, en effet, de s'entendre appeler grand-mère à la fleur de l'âge, et de savoir que l'enfant d'une misérable servante sera appelé le petit-fils de Vénus ! Mais que dis-je ? Je suis folle ; j'ai tort de dire qu'il sera mon petit-fils. Le mariage est nul : il a été consommé à la campagne, sans aucun témoin, sans le consentement des parents ; il ne peut être légitime. Cet enfant sera un bâtard, en supposant toutefois que nous te laissions le mettre au monde. »

Après avoir insulté Psyché, Vénus se précipite sur elle, lui déchire ses vêtements en mille endroits, lui arrache les cheveux, la gifle violemment. Ensuite, elle se fait apporter du froment, de l'orge, du millet [1], de la graine de pavot, des pois chiches, des lentilles et des fèves. Elle mélange tout ensemble, de manière à n'en faire qu'un seul tas. Puis, s'adressant à Psyché, elle dit : « Quand on est si laide, et qu'on est une servante, on ne peut se procurer des amants qu'en déployant tout son zèle à leur service. Eh bien, je veux moi-même éprouver à quoi tu es bonne. Trie-moi cet amas de semences que j'ai

1. *Millet* : céréale qui sert surtout pour le fourrage des bêtes.

confondues ; mets de côté chaque graine une à une ; avant ce soir, tu me montreras le travail achevé. » Elle lui désigne la masse énorme des grains, et sort pour aller à un repas de noces.

Psyché ne songe même pas à porter les mains à ce monceau confus et inextricable ; elle est consternée de la difficulté de la tâche et la stupéfaction la rend muette. C'est alors qu'une fourmi, réalisant l'importance du travail demandé, prend pitié de Psyché. La cruauté de Vénus l'indigne ; elle court de tous côtés, elle convoque toute la troupe des fourmis, ses voisines : « C'est à votre pitié, filles agiles de la terre, à votre pitié que j'en appelle. Venez et empressez-vous de secourir une jeune beauté, épouse de l'Amour. » Aussitôt, comme autant de vagues, le petit peuple des insectes à six pattes se précipite. Toutes les fourmis, avec ardeur, démêlent, grain à grain, le monceau, et, après avoir fait des tas distincts, après avoir séparé les espèces, se dépêchent de disparaître.

Au commencement de la nuit, Vénus revient de son repas de noces ; elle a beaucoup bu, elle répand autour d'elle une odeur de parfum, son corps entier est couvert de roses éblouissantes. Quand elle voit avec quel soin le travail a été fait, elle s'écrie : « Ce n'est pas toi, coquine ! Ce ne sont pas tes mains qui ont accompli cet ouvrage ! C'est le perfide à qui, pour son malheur et pour le tien, tu as voulu plaire. » Et, lui jetant un morceau de pain grossier, elle va se mettre au lit.

* *
*

Cependant, Amour, surveillé étroitement, était toujours retenu prisonnier dans un appartement isolé, tout au fond du palais. Il fallait veiller d'une part, à ce que ses folies n'aggravent pas sa blessure, et, d'autre part, à ce qu'il ne puisse pas aller retrouver sa belle. Les amants passèrent donc une nuit cruelle, séparés l'un de l'autre, mais sous le même toit. Dès que l'Aurore fut montée sur son char, Vénus appela Psyché et lui dit : « Vois-tu ce bois ? Il borde sur toute leur longueur les rives d'un fleuve aux eaux profondes qui prend sa source dans les environs. Là, paissent, en toute liberté et sans gardien, des brebis dont la toison a l'éclat de l'or. Tu vas, sur-le-champ, te procurer un flocon de laine de leur précieuse toison, et tu me le rapporteras. Telle est ma volonté. »

Psyché partit avec empressement. Ce n'était pas pour obéir à ce nouvel ordre, mais pour se précipiter contre les rochers du fleuve et mettre ainsi un terme à ses souffrances. Mais, du sein même du fleuve, un jeune roseau à la voix mélodieuse fit entendre ces tendres paroles inspirées par le ciel : « Psyché, que tant de malheurs ont accablée, ne souillez pas la pureté de mes eaux par votre trépas malheureux ; et n'approchez pas de ces méchantes brebis. Quand le soleil brûlant leur a communiqué sa chaleur, elles sont saisies d'une rage brutale et de leurs cornes pointues, de leurs fronts de pierre, de leurs morsures empoisonnées, elles attaquent et tuent les hommes. Mais lorsque midi sera passé et les ardeurs du soleil ralenties, lorsque la fraîcheur de la rivière aura calmé les brebis, vous pourrez alors vous cacher sous ce grand platane qui s'abreuve à la même source que moi, sans crainte d'être aperçue. Et aussitôt que les brebis se seront calmées, sur les feuilles des arbres voisins, vous trouverez de la laine d'or qui reste accrochée aux branches. » Le roseau, plein de franchise et de pitié, apprit ainsi à la malheureuse Psyché comment assurer son salut. Elle ne s'abandonna donc plus au découragement. Après avoir écouté attentivement ces instructions, elle les suivit à la lettre, déroba facilement les flocons de ces soyeuses toisons d'or, en remplit sa robe et vint les rapporter à Vénus.

Le succès de cette seconde épreuve ne fléchit pas Vénus, qui fronça le sourcil et dit, avec un sourire amer : « On ne m'abuse pas. Je sais bien que tu n'as pas accompli cet exploit. Mais je vais voir si tu as une véritable force de caractère et une prudence qu'on peut envier. Vois-tu, sur cette haute montagne, un roc escarpé qui la domine ? De là s'échappe, en flots noirâtres, une source ténébreuse qui coule dans le creux d'une vallée voisine pour se jeter ensuite dans les marais du Styx et alimenter les rauques courants du Cocyte [1]. Eh bien, tu vas gravir cette montagne, aller jusqu'à l'endroit où jaillit la source, puiser de son onde glaciale et en remplir cette petite bouteille que tu me rapporteras aussitôt. » À ces mots, elle lui remit un flacon de cristal poli, tout en la menaçant de châtiments terribles.

Psyché, pleine de bonne volonté, parvint d'un pas rapide jusqu'au sommet de la montagne, espérant y trouver la fin de ses misères. Mais à peine

1. Comme le Styx, le *Cocyte* est un fleuve des Enfers ; ses eaux sont grossies par les larmes des méchants.

avait-elle approché de la roche désignée, qu'elle réalisa l'immensité de la tâche demandée et les obstacles funestes. Le roc s'élevait à une hauteur effroyable ; on ne pouvait le gravir, tant il était glissant et escarpé ; du milieu de ses flancs, il vomissait une source affreuse. À peine échappée des crevasses du roc, l'eau glissait le long de sa pente, et se précipitait, par un canal étroit, dans la vallée. Du creux des rochers, à droite et à gauche, on voyait sortir des dragons furieux aux cous allongés, aux yeux sans cesse ouverts, dont le regard vigilant ne se voile jamais à la lumière. Les eaux, qui parlaient, se défendaient elles-mêmes : « Retire-toi ! Que fais-tu ? Où vas-tu ? Prends garde ! Fuis ! Tu vas périr ! »

L'impossibilité de réussir avait transformé Psyché en pierre. Son corps était là, mais sa conscience n'y était plus. Accablée sous le poids du danger qu'elle ne pouvait fuir, elle n'avait pas même la consolation de pleurer. Les souffrances de cette âme innocente n'échappèrent pas à l'œil puissant de la secourable Providence. Alors, le royal oiseau du grand Jupiter [1] déploya ses ailes et s'abattit à ses côtés. Il s'était souvenu qu'autrefois, pour obéir à son maître, il avait enlevé, sous la conduite de l'Amour, un jeune Phrygien destiné à devenir l'échanson du dieu [2], et il souhaitait à présent honorer l'épouse d'Éros. Des hauteurs du ciel, il vint voler sous les yeux de la jeune fille et s'adressa à elle : « Naïve comme vous

---

1. *Jupiter* est souvent accompagné d'un aigle.
2. *Échanson* : serviteur d'une maison royale, souvent chargé de servir les boissons. Il s'agit ici de Ganymède, jeune garçon d'une grande beauté, dont Jupiter tomba amoureux et qu'il enleva après s'être transformé en aigle.

l'êtes, et étrangère à de telles épreuves, espérez-vous pouvoir dérober même une seule goutte de cette source aussi sacrée que terrible ? Espérez-vous seulement en approcher ? N'avez-vous pas entendu dire que les dieux aussi, et même Jupiter, redoutent les eaux du Styx, et les serments que les mortels font par la puissance des dieux, les dieux ont coutume de les prononcer par la majesté du Styx ? Donnez-moi votre flacon. » Il s'en empara, et, balançant ses lourdes ailes comme des rames, il passa au milieu des dragons aux dents redoutables et aux langues à trois dards. Quand les eaux en colère lui ordonnèrent de se retirer avant qu'il ne lui arrive malheur, il répondit qu'il était venu sur l'ordre de Vénus, et, de cette manière, obtint un accès plus facile.

66 Psyché, prenant avec joie le flacon rempli, se hâte de le rapporter à Vénus ; mais elle ne peut, même cette fois, désarmer la colère de l'implacable déesse, qui l'apostrophe en ces termes, avec un affreux ricanement : « Je vois que tu es une magicienne et que tu connais bien ton art, si j'en juge par la vitesse avec laquelle tu as obéi à mes ordres. Mais voici, ma petite, ce que tu dois encore faire pour moi. Prends cette boîte, va immédiatement aux Enfers, dans le sombre palais d'Orcus [1], et donne-la à Proserpine. “ Vénus, lui diras-tu, vous prie de lui envoyer un peu de votre beauté, juste ce qu'il faut pour une journée ; car elle a usé tout ce qu'elle avait en soignant son fils malade. ” Ne perds pas de temps pour revenir : il faut que je m'en parfume avant de me rendre à une représentation théâtrale chez les dieux. »

1. *Orcus* : démon de la mort chez les Romains.

Psyché sentit alors qu'elle touchait au terme de sa destinée et comprit qu'on l'envoyait à une mort rapide. Comment douter, puisqu'on la forçait à se rendre d'elle-même dans le Tartare [1] et chez les Mânes [2] ? Sans hésitation, elle se dirigea vers une tour très élevée, voulant se précipiter de cette hauteur. N'était-ce pas le chemin le plus sûr pour descendre aux Enfers ? Mais la tour se mit à lui parler : « Pourquoi, pauvre petite, chercher la mort ? Pourquoi, sans réfléchir, succomber devant ce dernier péril et cette nouvelle épreuve ? Si ton âme est séparée de ton corps, tu iras, c'est vrai, au fond du Tartare, mais tu ne pourras pas en revenir. Écoute-moi : Lacédémone, noble cité de l'Achaïe [3], n'est pas loin ; le Ténare [4], caché dans des sentiers peu connus, la touche. Cherche-le : c'est un des soupiraux de la demeure de Pluton [5], et ses portes béantes montrent à tous une route où nul ne porte ses pas. Quand tu auras franchi ces limites, tu arriveras en ligne droite au palais d'Orcus. Mais avant tout, ne t'avance pas les mains vides au milieu de ces ténèbres. Prends des gâteaux de farine d'orge pétris avec du miel, et aie aussi deux pièces de monnaie dans ta bouche. De plus, au milieu du chemin qui conduit chez les morts, tu rencontreras un âne boiteux, chargé de fagots, et son conducteur, boiteux

1. *Tartare* : lieu le plus profond du monde ; avec les Enfers, il constitue un monde souterrain où le dieu Hadès règne sur les morts.
2. *Mânes* : âmes des morts.
3. *Achaïe* : contrée de l'ancienne Grèce où se trouve Lacédémone (Sparte).
4. *Le Ténare* permet d'entrer aux Enfers.
5. *Pluton* : dieux des Enfers.

aussi, qui te priera de lui tendre quelques brindilles tombées de son chargement. Passe ton chemin sans ouvrir la bouche. Bientôt, tu arriveras au fleuve des morts. Charon exige d'abord le prix du passage et, à cette seule condition, transporte les voyageurs dans sa barque aux flancs recousus. Chez les morts aussi, l'avidité existe ; Charon lui-même ne fait rien pour rien. Le pauvre, même quand il meurt, doit se procurer le prix du voyage, et s'il n'a pas sa pièce de monnaie à la main, on ne lui permet pas de rendre l'âme ! À cet horrible vieillard, tu donneras, à titre de péage, une de tes pièces ; arrange-toi cependant pour qu'il la prenne lui-même de ta bouche. Ce n'est pas tout : pendant que tu traverseras ces eaux croupissantes, un vieillard mort élèvera, en nageant, ses mains pourries vers toi et te priera de le faire monter dans la barque. N'aie pas pitié de lui ! Le fleuve franchi, de vieilles femmes, tissant de la toile, te demanderont de les aider. Ne t'avise pas de toucher à leur ouvrage ! Tous ces pièges, sans parler de beaucoup d'autres, te sont tendus par Vénus, qui cherche à te faire lâcher au moins un des gâteaux. Et ne crois pas que la perte d'une de ces friandises ne soit pas grave. Si tu en perds une, tu ne verras jamais plus la lumière du jour. En effet, un chien énorme, à trois têtes, monstre immense et formidable, qui, de ses aboiements forcenés tente vainement d'effrayer les morts, est posté en sentinelle devant le seuil même de Proserpine et garde les demeures silencieuses de Pluton. Tu le rendras inoffensif en lui jetant un de tes gâteaux. Tu iras droit à Proserpine, qui te recevra avec douceur et t'invitera poliment à t'installer pour dîner, mais tu t'assoiras par terre et tu ne demanderas que du pain noir. Dis ensuite pourquoi tu es là, prends ce qu'on te donnera et reviens sur tes pas. Jette au chien le second gâteau, donne la seconde pièce au passeur et suis ton premier chemin pour revoir la clarté du jour. Mais de tous les conseils que je te donne, voici le principal : n'ouvre pas la boîte que tu porteras, ne regarde pas le trésor de beauté divine qui s'y trouve caché. » Ainsi prédit la prévoyante tour.

Sans délai, Psyché se dirige vers le Ténare. Elle a eu soin de prendre les deux gâteaux et les deux pièces et descend avec rapidité dans le sentier infernal. Elle dépasse, sans ouvrir la bouche, l'âne boiteux et donne au passeur le péage du fleuve. Elle n'écoute pas le mort qui nage, méprise les prières hypocrites des tisseuses ; elle endort la rage du chien en lui donnant un gâteau et entre enfin chez Proserpine. La déesse hospitalière lui offre un siège confortable, des mets exquis, mais Psyché n'accepte rien. S'asseyant par terre, aux pieds de son hôtesse, elle se contente d'un pain noir et transmet le message de Vénus. On lui remet la boîte qu'on a mystérieusement remplie et bien refermée. Ayant donné son second gâteau au chien et sa dernière pièce au passeur, elle peut sortir des Enfers. Mais quand elle a retrouvé avec joie la lumière du jour, une curiosité bien irréfléchie s'empare de son esprit. « Quoi ! dit-elle, me voilà en possession de la beauté des déesses et je serais assez bête pour ne pas en garder un peu pour moi ! Peut-être cela me permettrait de plaire à celui que j'aime. » En disant ces mots, elle ouvre la boîte : dedans, il n'y a absolument rien en fait de beauté ; mais le couvercle à peine soulevé laisse échapper une vapeur de mort, vrai sommeil du Styx, qui s'empare de Psyché, se répand sur ses membres comme un nuage épais et la fait tomber sur le chemin, immobilisée. Couchée, sans mouvement, elle paraît morte.

Au même moment, l'Amour, dont la blessure est entièrement cicatrisée et qui a retrouvé ses forces, s'échappe par l'étroite fenêtre de la chambre où on l'a enfermé. Il ne peut plus supporter l'absence de Psyché. Comme ses plumes se sont fortifiées avec ce repos forcé, il s'envole à tire d'aile vers son épouse. Il la débarrasse de ce sommeil qu'il remet dans la boîte où il se trouvait précédemment, puis il réveille Psyché en l'effleurant, sans lui faire mal, d'une de ses flèches. « Voilà donc, malheureuse enfant, lui dit-il, que ta curiosité était encore sur le point de te perdre ! Vite ! Remplis la mission dont ma mère t'a chargée ; moi, je veillerai au reste. » À ces mots, l'amant ailé prend son vol, et Psyché rapporte aussitôt à Vénus le cadeau de Proserpine.

* *
*

Alors l'Amour, dévoré d'amour, et craignant, à l'air courroucé de sa mère, d'être livré à la Sobriété, retourne à ses anciennes habitudes. D'une aile rapide, il parvient jusqu'à la voûte des cieux, supplie Jupiter et plaide sa cause devant lui. Jupiter caresse les joues délicates de l'Amour, les embrasse, et lui dit : « Tu le sais bien, pourtant, mon fils, tu n'as jamais respecté les honneurs dus à mon rang (tous les dieux l'avouent), et ce cœur où s'élaborent les lois des éléments et les révolutions des astres, tu le blesses de tes coups incessants ; tes intrigues amoureuses sur la terre lui font honte, et tu violes toutes les lois, la loi Julia [1] en particulier et la morale publique. Tu compromets mon honneur et ma réputation dans des adultères scandaleux ; tu imposes des métamorphoses indignes à mon auguste personne : tu fais de moi un serpent, un oiseau, du feu, une bête sauvage, un taureau. Pourtant, je me souviendrai que je suis indulgent, que tu as grandi entre mes bras, et je t'accorderai tout, à condition que tu te protèges de tes rivaux. De plus, n'oublie pas que, s'il y a sur terre quelque merveilleuse beauté, tu me l'offriras en échange de mes services actuels. »

Ayant ainsi parlé, Jupiter ordonne à Mercure de convoquer immédiatement tous les dieux et d'annoncer que si l'un d'eux ne vient pas, il aura une amende de dix mille sesterces. L'amphithéâtre céleste [2] se remplit aussitôt ; et assis sur son trône élevé, Jupiter s'exprime en ces termes : « Dieux conscrits dont les noms figurent sur les registres des Muses, vous savez tous, à n'en pas douter, que ce jeune garçon a été élevé par moi. Dans sa première jeunesse, j'ai cru devoir mettre un frein à ses écarts de conduite ; voilà assez longtemps qu'il est, chaque jour, le sujet des conversations de tous, et qu'il fait scandale par ses adultères et ses désordres en tous genres. Il n'aura plus aucune occasion, et pour contenir son libertinage, je veux le marier. Il a choisi

1. La *loi Julia* punissait l'adultère et tendait à restaurer la morale publique.
2. Lieu où se réunissent les dieux, sur l'Olympe.

une jeune fille, et lui a pris sa virginité. Qu'elle soit à lui, qu'il la garde ; qu'il épouse Psyché et profite à jamais de son affection. » Et, se tournant vers Vénus, il lui dit : « Et vous, ma fille, ne vous attristez pas. Ne craignez rien pour la haute noblesse de votre maison ; il ne s'agit pas d'une alliance mortelle ; le mariage ne sera ni déséquilibré, ni illégitime. Je m'en charge. » Aussitôt, il ordonne à Mercure d'aller chercher Psyché et de l'amener dans les cieux. Jupiter lui présente une coupe d'ambroisie [1] et lui parle en ces termes : « Prends, Psyché, et sois immortelle. Jamais l'Amour ne se dégagera des liens qui le lient à toi. Je vous unis ici pour toujours par le mariage. »

Aussitôt, on servit un magnifique repas de noces.
72 Le mari, tenant Psyché dans ses bras, était couché sur le lit d'honneur ; Jupiter enlaçait Junon ; les autres dieux étaient là aussi. Bientôt circula le nectar, qui est le vin des immortels. Un jeune berger, l'échanson de Jupiter, lui présentait sa coupe ; les autres dieux étaient servis par Bacchus [2]. Vulcain était aux fourneaux ; les Heures mettaient partout des roses et d'autres fleurs ; les Grâces répandaient des parfums ; les Muses faisaient entendre leurs voix sonores. Apollon, s'accompagnant de sa cithare, chanta ; Vénus, au son d'une belle musique, exécuta des pas gracieux après s'être composé son orchestre : les Muses chantaient en chœur, un

1. *Ambroisie* : autre nom du nectar qui rend immortel (voir note p. 28).
2. *Bacchus* : dieu de la vigne, du vin et de l'ivresse.

satyre [1] jouait de la flûte, un élève de Pan accompagnait avec le chalumeau [2]. C'est ainsi que Psyché passa légalement sous la puissance de l'Amour ; et, au bout de neuf mois, il leur naquit une fille, que nous appelons Volupté.

1. *Satyre* : divinité mythologique de la terre avec des cornes et des pieds de bouc. Il est souvent représenté jouant de la flûte.
2. *Chalumeau* : roseau percé de trous, faisant office de flûte.

Dossier-lecture

Une fable de La Fontaine

En 1669, La Fontaine a l'idée d'écrire une fable en prose. S'inspirant du conte d'Apulée, il compose *Les Amours de Psyché et de Cupidon* [1], où il prend bien des libertés avec le texte originel. Dans l'extrait qui suit, Psyché découvre l'identité de son mari. Quelles sont, à votre avis, les principales différences avec Apulée ?

Le mari vint sur le soir, avec une mélancolie extraordinaire, et qui lui devait être un pressentiment de ce qui se préparait contre lui : mais les caresses de sa femme le rassurèrent. Il se coucha donc, et s'abandonna au sommeil aussitôt qu'il fut couché.

Voilà Psyché bien embarrassée. Comme on ne connaît l'importance d'une action que quand on est près de l'exécuter, elle envisagea la sienne dans ce moment-là avec ses suites les plus fâcheuses, et se trouva combattue de je ne sais combien de passions aussi contraires que violentes. L'appréhension, le dépit, la pitié, la colère, et le désespoir, la curiosité principalement, tout ce qui porte à commettre quelque forfait, et tout ce qui en détourne, s'empara du cœur de notre héroïne. [...] Il fallut pourtant se déterminer. Ce fut en faveur de la curiosité que la belle se déclara [...] Elle [...] se leva sans bruit, prit le poignard et la lampe qu'elle avait cachés, s'en alla le plus doucement qu'il lui fut possible vers l'endroit du lit où le monstre s'était couché, avançant un pied, puis un autre, et prenant bien garde à les poser par mesure, comme si elle eût marché sur des pointes de diamants. Elle retenait jusqu'à son haleine, et craignait presque que ses pensées ne la décelassent. Il s'en fallut peu qu'elle ne priât son ombre de ne point faire de bruit en l'accompagnant.

1. *Cupidon* : équivalent romain d'Éros.

À pas tremblants et suspendus,
Elle arrive enfin où repose
Son époux aux bras étendus,
Époux plus beau qu'aucune chose.
C'était aussi [1] l'Amour : son teint, par sa fraîcheur,
Par son éclat, par sa blancheur,
Rendait le lis jaloux, faisait honte à la rose.
Avant que de parler du teint,
Je devais vous avoir dépeint,
Pour aller par ordre en affaire,
La posture du dieu. Son col était penché :
C'est ainsi que le Somme en sa grotte est couché ;
Ce qu'il ne fallait pas vous taire.
Ses bras à demi nus étalaient des appas,
Non d'un Hercule, ou d'un Atlas,
D'un Pan, d'un Sylvain, ou d'un Faune,
Ni même ceux d'une Amazone ;
Mais ceux d'une Vénus à l'âge de vingt ans.
Ses cheveux épars et flottants,
Et que les mains de la Nature
Avaient frisés à l'aventure,
Celles de Flore parfumés,
Cachaient quelques attraits dignes d'être estimés ;
Mais Psyché n'en était qu'à prendre plus facile :
Car, pour un qu'ils cachaient, elle en soupçonnait
[mille ;
Leurs anneaux, leurs boucles, leurs nœuds,
Tour à tour de Psyché reçurent tous des vœux ;
Chacun eut part à son hommage.
Une chose nuisit pourtant à ses cheveux :
Ce fut la beauté du visage.
Que vous en dirai-je ? et comment

1. *C'était aussi* : car c'était.

En parler assez dignement ?
Suppléez à mon impuissance :
Je ne vous aurais d'aujourd'hui
Dépeint les beautés de celui
Qui des beautés a l'intendance.
Que dirais-je des traits où les Ris sont logés ?
De ceux que les Amours ont entre eux partagés ?
Des yeux aux brillantes merveilles,
Qui sont les portes du désir ;
Et surtout des lèvres vermeilles,
Qui sont les sources du plaisir ?

Psyché demeura comme transportée à l'aspect de son époux. Dès l'abord elle jugea bien que c'était l'Amour ; car quel autre dieu lui aurait paru si agréable ? Ce que la beauté, la jeunesse, le divin charme qui communique à ces choses le don de plaire, ce qu'une personne faite à plaisir peut causer aux yeux de volupté, et de ravissement à l'esprit, Cupidon en ce moment-là le fit sentir à notre héroïne. Il dormait à la manière d'un dieu, c'est-à-dire profondément, penché nonchalamment sur un oreiller, un bras sur sa tête, l'autre bras tombant sur les bords du lit, couvert à demi d'un voile de gaze, ainsi que sa mère en use, et les nymphes aussi, et quelquefois les bergères. [...]

Le poignard [...] lui tomba des mains, mais la lampe non : elle en avait trop affaire, et n'avait pas encore vu tout ce qu'il y avait à voir. Une telle commodité ne se rencontrait pas tous les jours ; il s'en fallait donc servir : c'est ce qu'elle fit, sollicitée de faire cesser son plaisir par son plaisir même. Tantôt la bouche de son mari lui demandait un baiser, et tantôt ses yeux, mais la crainte de l'éveiller l'arrêtait tout court. Elle avait de la peine à croire ce qu'elle voyait, se passait la main sur les yeux, craignant que ce ne fût songe et illusion ; puis recommençait à considérer son mari. « Dieux immortels ! dit-elle en soi-même, est-ce ainsi que sont faits les monstres ? Comment donc est fait ce qu'on appelle Amour ? Que tu es heureuse, Psyché ! Ah ! divin époux ! pourquoi m'as-tu refusé si longtemps la connaissance de ce bonheur ? Craignais-tu que je n'en mourusse de joie ? Était-ce pour plaire à ta mère ou à quelqu'une de tes maîtresses ? [...] Quoi ! je t'ai voulu tuer ! quoi ! cette pensée m'est venue ! Ô dieux ! je frémis d'horreur à ce souvenir. » [...]

Après ces réflexions, il lui prit envie de regarder de plus près celui qu'elle n'avait déjà que trop vu. Elle pencha quelque peu l'instrument fatal qui l'avait jusque-là servie si utilement. Il en tomba sur la cuisse de son époux une goutte d'huile enflammée. La douleur éveilla le dieu. Il vit la pauvre Psyché qui, toute confuse, tenait sa lampe ; et, ce qui fut de plus malheureux, il vit aussi le poignard tombé près de lui. Dispensez-moi de vous raconter le reste : vous seriez touchés de trop de pitié au récit que je vous ferais.

Une tragédie-ballet de Molière

Molière reprend le motif de Psyché en 1671, dans une tragédie-ballet que lui demande Louis XIV. Comme il est pressé par le temps, il se fait aider de Corneille. Molière établit le plan de la pièce, qu'il intitule *Psyché*, écrit le premier acte et la première scène des deuxième et troisième actes. Corneille se charge du reste de la pièce, qu'il rime... en quinze jours !
Le théâtre impose un nouveau traitement du conte d'Apulée. Comment les deux grands dramaturges ont-il choisi de représenter la découverte de l'Amour ?

PSYCHÉ

Seigneur, je vois ici la pompe et l'abondance ;
Je vous adore, et vous m'aimez :
Mon cœur en est ravi, mes sens en sont charmés ;
Mais parmi ce bonheur suprême,
J'ai le malheur de ne savoir qui j'aime.
Dissipez cet aveuglement.
Et faites-moi connaître un si parfait amant.

L'AMOUR

Psyché, que venez-vous de dire ?

PSYCHÉ

Que c'est le bonheur où j'aspire,
Et si vous ne me l'accordez...

L'AMOUR

Je l'ai juré, je n'en suis plus le maître ;
Mais vous ne savez pas ce que vous demandez.
Laissez-moi mon secret. Si je me fais connaître,
Je vous perds, et vous me perdez.
Le seul remède est de vous en dédire.

PSYCHÉ

C'est là sur vous mon souverain empire ?

L'AMOUR

Vous pouvez tout, et je suis tout à vous ;
Mais si nos feux vous semblent doux,
Ne mettez point d'obstacle à leur charmante suite,
Ne me forcez point à la fuite :
C'est le moindre malheur qui nous puisse arriver
D'un souhait qui vous a séduite.

PSYCHÉ

Seigneur, vous voulez m'éprouver,
Mais je sais ce que j'en dois croire.
De grâce, apprenez-moi tout l'excès de ma gloire,
Et ne me cachez plus pour quel illustre choix
J'ai rejeté les vœux de tant de rois.

L'AMOUR

Le voulez-vous ?

PSYCHÉ

Souffrez que je vous en conjure.

L'AMOUR

Si vous saviez, Psyché, la cruelle aventure
Que par là vous vous attirez…

PSYCHÉ

Seigneur, vous me désespérez.

L'AMOUR

Pensez-y bien, je puis encor me taire.

PSYCHÉ

Faites-vous des serments pour n'y point satisfaire ?

L'AMOUR

Hé bien, je suis le Dieu le plus puissant des Dieux,
Absolu sur la terre, absolu dans les Cieux ;
Dans les eaux, dans les airs mon pouvoir est suprême ;
En un mot, je suis l'Amour même,
Qui de mes propres traits m'étais blessé pour vous ;
Et sans la violence, hélas ! que vous me faites
Et qui vient de changer mon amour en courroux,
Vous m'alliez avoir pour époux.
Vos volontés sont satisfaites,
Vous avez su qui vous aimiez,
Vous connaissez l'amant que vous charmiez :
Psyché, voyez où vous en êtes.
Vous me forcez vous-même à vous quitter,
Vous me forcez vous-même à vous ôter
Tout l'effet de votre victoire :
Peut-être vos beaux yeux ne me reverront plus ;
Ce palais, ces jardins, avec moi disparus,
Vont faire évanouir votre naissante gloire ;
Vous n'avez pas voulu m'en croire,
Et pour tout fruit de ce doute éclairci,
Le Destin, sous qui le ciel tremble,
Plus fort que mon amour, que tous les Dieux ensemble,
Vous va montrer sa haine, et me chasse d'ici.

À vous de jouer

Apulée et son temps

1 Apulée est né :

A au Ier siècle avant J.-C.

B au Ier siècle après J.-C.

C au IIe siècle après J.-C.

2 Sous le règne de :

A Nerva

B Trajan

C Hadrien

3 Il se passionne pour (plusieurs réponses possibles) :

A la philosophie

B la magie

C les sports équestres

D la musique

4 Il a habité presque toute sa vie à :

A Rome

B Carthage

C Athènes

D Lutèce

5 En 27 avant J.-C., Auguste fonde l'Empire romain. Il aura de nombreux successeurs. Dans la liste suivante, rétablissez l'ordre chronologique. Lequel d'entre eux n'a jamais été empereur ?

A Galba — B Nerva — C Caligula — D Vespasien — E Titus — F Néron — G Trajan — H Claude — I Hadrien — J Domitien — K Britannicus — L Othon — M Tibère — N Vitellius.

Êtes-vous un lecteur attentif ?

1 La beauté de Psyché rend jalouse :

A Junon

B Minerve

C Vénus

2 L'oracle a prédit qu'elle épouserait :

A un dieu

B un roi

C un monstre

3 Psyché est abandonnée :

A sur un rocher

B dans une forêt

C dans une caverne

4 Elle n'a pas le droit de :

A parler à son mari

B voir son visage

C le toucher

5 Psyché supplie son mari de :

A la laisser voir ses sœurs

B la laisser voir ses parents

C la renvoyer chez elle

6 Psyché est finalement heureuse avec son époux. Ses deux sœurs :

A se réjouissent de son bonheur

B sont jalouses de son bonheur

7 L'époux de Psyché est un dieu ; il s'agit de :

A Vulcain

B Jupiter

C Cupidon

D Zéphir

8 Psyché est abandonnée par son mari :

A parce qu'elle a désobéi et vu son visage

B parce qu'il aime une autre femme

C parce qu'il n'est plus amoureux d'elle

9 Elle demande de l'aide à deux déesses :

A Minerve

B Junon

C Diane

D Cérès

10 Vénus inflige à Psyché :

A deux épreuves

B trois épreuves

C quatre épreuves

11 La dernière épreuve aurait pu être fatale à Psyché. Elle est sauvée par :

A ses sœurs

B son époux

C Vénus elle-même

12 À la fin :

A Psyché retourne vivre dans le palais de ses parents

B Vénus se venge en la séparant définitivement de l'Amour

C Jupiter approuve son union avec l'Amour et la rend immortelle

Le fil de l'histoire

Replacez les événements dans l'ordre chronologique :

A La dernière, Psyché, est si belle, que Vénus en prend ombrage.

B L'oracle, consulté, lui prédit pour époux un monstre.

C Pendant la nuit, son époux vient, mais exige qu'elle ne cherche pas à voir son visage.

D Un roi et une reine ont trois filles.

E La nuit suivante, Psyché s'arme d'un couteau.

F Jupiter consent à leur mariage et Psyché obtient l'immortalité.

G Nuit après nuit, il revient, et ils partagent un grand bonheur.

H La déesse, furieuse de ce que Psyché a fait, lui inflige de difficiles épreuves, qu'elle réussit à surmonter.

I Mais celles-ci, dévorées de jalousie, la persuadent de tuer le « monstre ».

J Elle ordonne à son fils, l'Amour, de rendre Psyché amoureuse d'un homme sans rang ni fortune.

K L'Amour, guéri de ses blessures, après s'être échappé du palais de sa mère, retrouve son épouse, que la dernière épreuve avait presque tuée, et la sauve.

L Cependant, nul ne demande sa main.

M Mais une goutte d'huile brûlante tombe de sa lampe sur l'épaule du dieu endormi.

N Puis il va plaider sa cause devant le roi des dieux.

O La lumière de sa lampe lui découvre que son mari est l'Amour lui-même.

P Psyché, folle de douleur et de tristesse, se résigne pourtant, et se rend au lieu assigné par l'oracle, où elle trouve un palais magnifique, mais désert.

Q Il se réveille, avoue à Psyché qu'il a désobéi à sa mère, lui reproche d'avoir enfreint ses ordres, et s'en va, l'abandonnant à son sort.

R Psyché, qui s'ennuie beaucoup, toute seule dans le palais, fait venir ses sœurs.

S Elle se met à chercher l'Amour, sans succès, et finit par implorer Vénus, qui la prend comme esclave.

Psyché et les autres...

1 Psyché, avant d'être enfin heureuse avec celui qu'elle aime, devra suivre un chemin semé d'embûches... Ceux ou celles qu'elle connaît déjà, ou qu'elle va croiser, lui apporteront leur aide, ou, au contraire, chercheront à lui nuire. Cochez la bonne réponse (attention, plusieurs réponses possible !) :

A Les sœurs de Psyché :

1 se réjouissent de toutes ses richesses

2 ne cherchent pas à savoir qui est l'époux de leur sœur

3 la persuadent que c'est un monstre qui va la dévorer

4 lui conseillent de le tuer pendant son sommeil

5 cherchent à nuire à leur sœur, car elles en sont jalouses

B Abandonnée par son mari, Psyché est consolée par un dieu aux pieds de bouc ; est-ce :

1 Neptune

2 Pan

3 Mercure

C Cérès et Junon refusent l'aide que Psyché leur a demandée. Pourquoi ?

1 parce qu'elles craignent la colère de Vénus

2 parce que Vénus est leur parente

3 parce qu'elles ont peur que Cupidon ne leur en veuille

4 parce qu'elles n'aiment pas Psyché

D Psyché se décide à aller trouver Vénus en personne...

1 la déesse la reçoit avec bienveillance

2 la déesse se moque d'elle méchamment

3 elle la fait torturer par ses servantes

4 elle lui fait servir un repas digne de son rang

E Jupiter donne à Psyché l'immortalité et l'unit pour toujours à l'Amour. Est-ce :

1 pour contrarier Vénus

2 pour rendre jalouses les sœurs de Psyché

3 parce qu'il veut le bonheur de Psyché

4 parce qu'il espère ainsi calmer Éros et faire cesser ses écarts de conduite

2 D'autres contes mettent en scène des héroïnes qui, comme Psyché, sont victimes de la jalousie ou de la méchanceté d'êtres malfaisants. Les connaissez-vous ?

A Ses deux sœurs et sa marâtre la persécutent, lui réservant les travaux ménagers les plus rebutants : ....

....

B Au baptême de cette jeune princesse, la treizième fée, que l'on avait oubliée, avait prédit, pour se venger, que l'enfant se percerait la main avec un fuseau et qu'elle en mourrait : ....

....

C Fuyant la méchanceté et la jalousie de sa marâtre, elle trouve refuge et protection dans la cabane de sept nains : .....

....

D Un marchand, veuf et à demi-ruiné, vit dans un manoir avec ses trois filles. La benjamine est traitée comme une esclave par ses sœurs, égoïstes et prétentieuses : ....

....

Dieux grecs et romains

1 La fable nous fait rencontrer quelques-uns des dieux de l'Olympe. En voici une liste plus complète. Reliez d'une flèche la divinité romaine à la divinité grecque correspondante.

1 Vénus	A Zeus
2 Minerve	B Héra
3 Jupiter	C Hadès
4 Cérès	D Poséidon
5 Junon	E Héphaïstos

6 Neptune
7 Vulcain
8 Mars
9 Pluton
10 Mercure
11 Bacchus
12 Diane

F Arès
G Dionysos
H Hermès
I Athéna
J Artémis
K Aphrodite
L Déméter

2 Dans votre récit, deux de ces dieux ne sont pas cités. Lesquels ? ....

....

3 Chaque dieu, chaque déesse, a un ou plusieurs attributs qui lui sont propres. À vous de rendre à chacun(e) le(s) sien(s).

1 Le paon
2 Le vautour
3 L'enclume
4 Le caducée
5 Le trident, le cheval, le poisson
6 La foudre, l'aigle
7 Le bouclier, la lance
8 Le carquois, les flèches

A Éros
B Poséidon
C Arès
D Athéna
E Héra
F Hermès
G Héphaïstos
H Zeus

4 Qui est qui ? (Attention, plusieurs réponses possibles !)

A Vénus est :

1 la mère de Cupidon
2 la fille de Jupiter
3 la sœur de Mercure

B L'épouse de Jupiter est :

1 Junon

2 Déméter

3 Diane

C L'époux de Vénus est :

1 Mars

2 Vulcain

3 Apollon

La curiosité est un vilain défaut...

1 La sagesse populaire s'exprime souvent dans des proverbes comme celui-ci. À vous de compléter ceux qui suivent :

A On a souvent besoin d'un .... que soi.

B La .... du plus fort est toujours la ....

C Qui vole un .... vole un ....

D L'habit ne fait pas le ....

E Les bons comptes font les bons ....

F C'est en .... qu'on devient forgeron.

G Bien mal .... ne .... jamais.

H Il n'y a pas de .... sans feu.

I Œil pour ...., dent pour ....

J La .... est d'argent, mais le silence est ....

2 D'autres personnages ont été punis, comme Psyché, pour leur curiosité. Qui sont-ils ?

A Malgré l'interdiction de son mari, elle pénètre dans un cabinet mystérieux dont il lui avait confié la clef :

....

B Il descend aux Enfers chercher son épouse Eurydice, morte d'une morsure de serpent. Elle lui est rendue, mais il ne doit pas se retourner avant d'avoir quitté le royaume des Ombres, sinon elle lui sera enlevée à nouveau. Hélas, il jette trop tôt un regard en arrière, et Eurydice disparaît à jamais :

....

C Le serpent la pousse à goûter au fruit défendu de l'arbre de la Connaissance. Elle sera chassée du paradis terrestre :

....

D Elle a ouvert la boîte dont Zeus lui avait fait don et où il avait enfermé les Biens et les Maux de la terre ; en guise de consolation pour les humains, il n'est resté que l'Espérance au fond de la boîte : ....

....

3 L'homme est, certes, un insatiable curieux, mais sa curiosité peut être une qualité, qui le pousse à se dépasser. Ainsi, des explorateurs ou des savants ont fait de grandes découvertes grâce à leur curiosité. Retrouvez-les :

A Il découvrit, en 1520, le détroit qui porte son nom. Il entreprit le premier voyage autour du monde : ....

....

B Il démontra le double mouvement des planètes, sur elles-mêmes, et autour du soleil : ....

....

C En 1886, après d'innombrables difficultés, il réalisa le vaccin contre la rage : ....

....

D Il a effectué des expériences de vie sous-marine, réalisé un scaphandre autonome et a dirigé de nombreuses expéditions océanographiques à bord de la *Calypso* : ....

....

GF Flammarion

04/10/109523-X-2004 – Impr. MAURY Eurolivres, 45300 Manchecourt.
N° d'édition FG207305. – Mars 1998. – Printed in France.

Dieux grecs et romains

1 1 K, 2 I, 3 A, 4 L, 5 B, 6 D, 7 E, 8 F, 9 C, 10 H, 11 G, 12 J

2 Diane et Neptune.

3 1 E, 2 C, 3 G, 4 F, 5 B, 6 H, 7 D, 8 A

4 A 1-2-3, B 1, C 2

La curiosité est un vilain défaut...

1 A d'un plus petit, B raison/meilleure, C œuf/bœuf, D moine, E comptes/amis, F forgeant/forgeron, G acquis/profite, H fumée, I œil/dent, J parole/d'or.

2 A la femme de Barbe-Bleue, B Orphée, C Ève, A Pandore

3 A Magellan (1480-1521), B Copernic (1473-1543), C Pasteur (1822-1895), D Cousteau (1910-1997).

Solutions

Apulée et son temps

1 C, 2 C, 3 A-B-D, 4 B, 5 M C H F A L N D E J B G I

Tibère (14-37), Caligula (37-41), Claude (41-54), Néron (54-68), Galba (68-69), Othon (69), Vitellius (69), Vespasien (69-79), Titus (79-81), Domitien (81-96), Nerva (96-98), Trajan (98-117), Hadrien (117-138).

Britannicus n'a jamais été empereur. Fils de Claude, il aurait dû lui succéder, mais Néron l'a fait empoisonner.

Êtes-vous un lecteur attentif ?

1 C, 2 C, 3 A, 4 B, 5 A, 6 B, 7 C, 8 A, 9 B-D, 10 C, 11 B, 12 C

Le fil de l'histoire

D A J L B P C G R I E O M Q S H K N F

Psyché et les autres...

1 A3, B2, C1-2, D2-3, E3-4

2 Cendrillon, La Belle au bois dormant, Blanche-Neige, Belle (dans La Belle et la Bête).